Hemmer/Wiget, Innerschweiz

Adrian Hemmer / Josef Wiget

INNERSCHWEIZ

Kultur- und Reiseführer

Walter-Verlag Olten und Freiburg im Breisgau

Gesamtherstellung in den
grafischen Betrieben des Walter-Verlags
Printed in Switzerland

ISBN 3-530-33951-2

Inhalt

Vorwort

Die Innerschweiz – die Wiege der Eidgenossenschaft – steht zum 700. Geburtstag und dessen Jubiläumsaktivitäten im Mittelpunkt der historischen und kulturellen Interessen der Schweizer. Viele in der Schule erworbenen Kenntnisse wurden vergessen oder von der neueren Forschung überholt beziehungsweise in Frage gestellt. Diese geraffte, leicht lesbare Schrift vermittelt dem historisch und kulturell Interessierten einen Überblick über die Urschweiz und die Entstehungsgeschichte der alten Eidgenossenschaft.

Für den die Innerschweiz bereisenden Touristen vermittelt dieser Führer einen Querschnitt über ihre zahlreichen Sehenswürdigkeiten und stellt sie in ihr historisches und kulturelles Umfeld. Eine Reise zu den historischen Stätten setzt gewisse grundlegende Kenntnisse der geschichtlichen Entwicklung der Eidgenossenschaft voraus, wenn sie zu einem unvergesslichen Erlebnis werden soll. Die ersten Jahrhunderte der wechsel- und schicksalhaften Vergangenheit unseres Landes sind in dieser Schrift den Bedürfnissen des modernen Reisenden entsprechend zusammengefaßt.

Dieser Reise- und Kulturführer dient vor allem als Anregung und Ausgangspunkt, sich mit der faszinierenden Vergangenheit und Kultur des Schweizervolkes weiter zu befassen.

Den Lesern der Schrift wünschen wir einen erlebnisreichen und unvergeßlichen Aufenthalt im Herzen der Schweiz.

Dr. Adrian Hemmer
Dozent an der Hochschule
St. Gallen

Dr. Josef Wiget
Staatsarchivar des
Kantons Schwyz

Übersicht über historische und kulturelle Sehenswürdigkeiten der Innerschweiz

* * = national bedeutend * = regional bedeutend

Von den ersten Siedlern bis zur achtörtigen Eidgenossenschaft

1. Die ersten Siedler am Vierwaldstättersee

Eiszeitmenschen auf der Rigi?

Noch vor wenigen Jahrzehnten wurde die Besiedlung der Rigi in der letzten Zwischeneiszeit (ca. 100 000 bis 70 000 vor Christus) als nachgewiesen betrachtet. Die Höhle ***Steigelfadbalm,*** Wohnstätte nomadisierender Bärenjäger, hätte folglich mit den Höhlen Wildkirchli, Drachenloch und Wildmannlisloch in der Ost-

*Im **Gletschergarten in Luzern** finden sich die wohl interessantesten Zeugen der letzten Eiszeit. Die eindrucksvollen Gletschermühlen und -schliffe sind eine Wirkung des Reußgletschers und bilden ein imposantes Denkmal der Urwelt. Eine geologische und heimatkundliche Sammlung ergänzt in sympathischer Weise die Jahrtausendwerke der Natur. Unser Bild: Luzern zur Eiszeit (Wandgemälde von Ernst Hodel). Im Hintergrund das Alpenpanorama von Rigi (links) bis Pilatus (rechts).*

schweiz zu den ältesten Siedlungen der Schweiz gehört. In der neueren Literatur ist diese 500 Meter oberhalb ***Vitznau*** gelegene Steigelfadbalm als Rastplatz der Höhlenbärenjäger mangels zwingender Begleitfunde umstritten. Mögliche Bewohner hätten jedenfalls das allmähliche Schwinden der Gletscher miterlebt. Der Bann der letzten Eiszeit war bereits gebrochen, als es zur Ausbildung des Luzerner Gletschergartens kam.
Ob dann zwischen 20000 und ca. 8000 vor Christus Leute der Magdalénien-Kultur (benannt nach der Höhle La Madeleine in Frankreich) bis in die Innerschweiz kamen, kann ebenfalls nicht strikte bewiesen werden. Der merkwürdige Fundkomplex auf der Baarburg im Zugerland aber könnte ein Beleg für eine solche Besiedlung sein. Aus dieser Zeit stammt der Schädelrest eines Steppenwisents aus ***Merlischachen*** und eine Rengeweihstange aus Haltikon.
Unbesehen vom Stand der wissenschaftlichen Forschung bildeten die Rigihöhlen schon seit den ältesten Zeiten Anlaß für Sagen und Überlieferungen von unheimlichen Drachen, Riesen, Hexen und Bergmännchen.

Die Seeufer als bevorzugte Siedlungsplätze

Das Klima änderte sich in der Zeit von etwa 8000 bis 4000 vor Christus und mit ihm die Landschaft und die Lebensbedingungen. Die Anwesenheit von Menschen im Raum Luzern und am Zugersee ist gesichert. Dutzende von Wohnplätzen mesolithischer (mittelsteinzeitlicher) Menschen legen sich im Wauwilermoos wie ein Kranz um das einstige Ufer des verschwundenen Sees. Auch die Ufer des Baldegger-, Sempacher-, Mauen- und des Zugersees wiesen solche Uferdörfer auf. Noch sind sie vornehmlich von Fischern und Jagdnomaden bewohnt, deren Spuren ebenso am Vierwaldstättersee gesichert werden können.
Um 4500 vor Christus erreichen Ackerbauern und Viehzüchter unser Gebiet, die ortsansässigen Wildbeuter nehmen allmählich deren Lebensgewohnheiten an. Man spricht von der Horgener-

und der Cortaillodkultur, die aus weiträumigen Strömungen und ihren Wirkungen in unser Gebiet zu Beginn des 4. Jahrtausends entstanden sind. Von Volksgruppen hingegen kann noch kaum die Rede sein, weil man über ihre Sprache, Lebensgewohnheiten, Einflußbereiche und Gebietsgrenze zu wenig weiß.
Auch diese jungsteinzeitlichen Menschen leben in Ufersiedlungen, in denen allmählich Dorfkulturen faßbar werden. Für die in der Tradition so beliebten Pfahlbauten über dem Wasser liegen keine Anhaltspunkte vor. Die archäologische Forschung vermochte bodenebene Uferdörfer, die auf mehr oder weniger trokkenen Standplatten errichtet wurden, nachzuweisen.

Bronze und Keltengold

Bis etwa in die Zeit von 1800 vor Christus dauerte die Jungsteinzeit, abgelöst wurde sie vom Zeitalter der Bronze als vorherrschenden Werkstoff für Schmuck, Geräte aller Art und Waffen. In der ganzen Innerschweiz sind Funde aus der Bronzezeit vorhanden. Dauersiedlungen treten jedoch nur zögernd aus dem Dunkel der Geschichte. Eine solche ist als älteste Siedlungsphase der ***Burg Zwing Uri*** zwischen ***Amsteg*** und ***Silenen*** festgestellt worden. Eine andere konnte z. B. auf der Insel Lützelau im Zürichsee beobachtet werden. Als eine der besterforschten Siedlungen der späten Bronzezeit gilt das Uferdorf «Sumpf» am Nordende des Zugersees.
Überschwemmungen und Kälteeinbrüche veränderten den Lebensraum der Menschen der Bronzezeit. Am Ende der Periode wird eine neue Kulturgemeinschaft erkennbar, die vom 5. bis ins 1. vorchristliche Jahrhundert in Mitteleuropa deutlich nachzuweisen ist: Die Kelten. Die keltlische Kultur ist nicht mit einer neuen Völkerwanderung in den erwähnten geographischen Raum gekommen, sondern sie hat sich an Ort aus der bestehenden Bevölkerung heraus entwickelt und ist dabei von fremden Einflüssen mitgeprägt worden. Der Beginn der keltischen Kultur ist in der Champagne und im Mittelrheingebiet. Das schweizerische

Mittelland wurde aber bald zu einem ihrer Brennpunkte. Von hier aus erreichte sie auch das Gebiet der Innerschweiz. Die Kelten lebten in einer kleineren Zahl von befestigten Orten und in Hunderten von kleinen Dörfern. Sie betrieben Ackerbau, Viehzucht und Handel und zeichneten sich auch als hervorragende Kunsthandwerker aus.

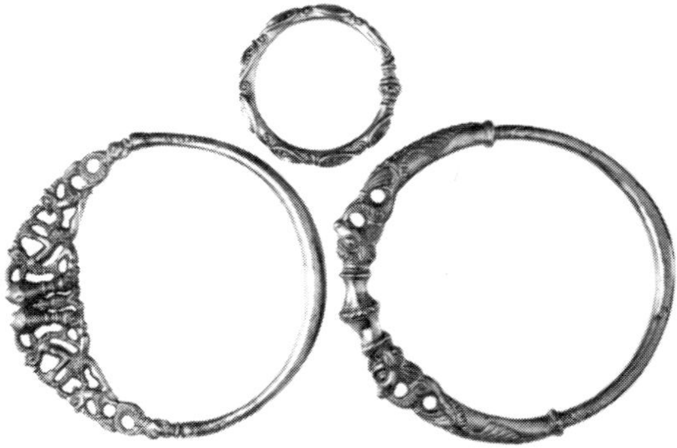

Der Goldschatz von Erstfeld: *Mit dem 1962 entdeckten Goldschatz von Erstfeld — vier Hals- und drei Amringen — verfügt das schweizerische Landesmuseum in Zürich über Spitzenprodukte frühkeltischen Kunsthandwerks (ca. 400—350 v. Chr.).*

Der keltische Stamm der Helvetier ist von besonderem Interesse. Sein Versuch, in Frankreich neue Siedlungsplätze zu erreichen, wurde in der Schlacht bei Bibracte (58 v. Chr.) von den Römern unter Julius Caesar verhindert. Caesar berichtet in seinem Werk «Der gallische Krieg» ausführlich darüber.

Siedlungen der Römer

Nachdem Caesar das Vordringen der Helvetier nach Gallien gestoppt hatte, wurden sie zur Rückkehr in das von ihnen verlassene schweizerische Mittelland gezwungen. Dort blieben sie vorerst weitgehend selbständig, bis 15 v. Chr. der künftige Kaiser Tiberius das Gebiet der Helvetier vollständig ins Römische Reich einverleibte. Die Bevölkerung blieb im Grundstock keltisch, latinisierte sich aber teilweise durch römische Einwanderung. So gesellten sich zu den überlieferten Sitten und Bräuchen der Kelten römische Lebensführung und Kultur. Es entstanden auch in der Randzone der Innerschweiz römische Gutshöfe und Villen, so z. B. in ***Ottenhusen,*** bei ***Heiligkreuz*** und ***Hagedorn*** im Zugerland, in ***Küssnacht*** und in ***Alpnach,*** das lateinisch Albiniacum hieß. Römische Brandgräber wurden 1968 am bergseitigen Dorfrand von Buochs angeschnitten, ein anderes römisches Gräberfeld bei Stans festgestellt. Überall traten auch Münzen und sonstige Kleinfunde der Römer zutage. Von Bedeutung ist der Römerfund von ***Rickenbach ob Schwyz*** aus der Zeit um 300 n. Chr., der Münzen, Schalen, Schmucksachen und Glöckchen umfaßt, die sich heute zum Teil noch in Privatbesitz befinden.

Die Alemannen in der Schweiz

Zu den unruhigen Völkerschaften im Norden und Osten des europäischen römischen Einflußgebietes zählte die Stammesgemeinschaft der Alemannen. Nach den gewalttätigen Alemannenstürmen des 3. Jahrhunderts gelang es den Römern zwar, die ungebärdigen Nachbarn nochmals über den Rhein zurückzudrängen, mit dem allmählichen Zerfall des Weströmischen Reiches war jedoch zu Beginn des 5. Jahrhunderts der Einwanderung alemannischer Scharen Tür und Tor geöffnet.
Im Laufe des 7. Jahrhunderts haben die Alemannen dann auch die Gebiete der Urschweiz besiedelt. Die nach dem Auszug der Römer hier verbliebenen Romanen – romanisierte Kelten – sind wohl in der alemannischen Bevölkerung und Sprachgemeinschaft aufgegangen.
Die Entdeckung einer Reihe von Alemannengräbern mit Grabbeigaben aus dem 7. Jahrhundert (Standort der Funde im Schweizerischen Landesmuseum) bestätigt, daß ***Schwyz*** von Aleman-

nen bewohnt war. Ausgrabungen in der Schwyzer Pfarrkirche St. Martin haben zudem das Vorhandensein einer merowingischen Kirche aus dem frühen 8. Jahrhundert ergeben. In diesen Zeitraum dürfte die Christianisierung der germanischen Bevölkerung in Schwyz fallen. Gräberfelder aus alemannischer Zeit wurden u. a. auch in der Gemeinde Hünenberg und auf der Löberen in Zug gefunden. In der Pfarrkirche von Altdorf stießen die Ausgräber ebenfalls auf ein Steinplattengrab mit einem vollbewaffneten alemannischen Krieger aus dem 8. Jahrhundert (Historisches Museum, Altdorf).

Im Rahmen der Gesamtrestaurierung der Pfarrkirche St. Peter und Paul zu ***Stans*** wurden Überreste einer aus dem 8.–9. Jahrhundert stammenden karolingischen Kirche entdeckt.

Pfarrkirche
St. Peter und Paul
in Stans
mit romanischem
Glockenturm
aus dem 12. Jh.

2. Die Innerschweiz im Herzogtum Schwaben

Klostergründungen im Herzogtum Alemannien / Schwaben

Die Alemannen blieben innerhalb des Frankenreiches einigermaßen selbständig, bis sie bei der Reichsteilung (843) als Herzogtum Schwaben zum Ostreich zugeschlagen wurden. Alemannien / Schwaben entwickelte sich zum klosterreichsten Gebiet des Reiches: bedeutende Klostergründungen wie St. Gallen, Reichenau und später Allerheiligen in Schaffhausen ereigneten sich

***Die Meiertürme von Bürglen und Silenen:** Meier (Verwalter) zogen im Auftrage der Äbtissin des Zürcher Fraumünsterklosters die Zinsen ein. Einer hatte seinen Sitz im «Meierturm», der heute noch in Bürglen steht. Bedeutend für die Gründungsgeschichte der Eidgenossenschaft wurden die Meier von Silenen, deren mächtiger Wohnturm in Silenen erhalten ist (unser Bild).*

*Das **Kloster Einsiedeln** nach einem Kupferstich aus der 2. Hälfte des 18. Jh.*

in dieser Zeit. Ludwig der Deutsche, der erste König des Ostreiches, gründete 853 die Fraumünsterabtei in Zürich, der er den «alten Hof» im Lande Uri schenkte, aus dem sich dann ***Altdorf*** entwickelte. Später erwarb das Kloster auch die Weiler ***Bürglen*** und ***Silenen.***

Die von Zürich aus herrschenden schwäbischen Herzöge unterstützten auch wesentlich die Errichtung des Klosters ***Einsiedeln*** (934), das in seiner Anfangszeit geradezu als herzogliches Hauskloster erscheint. Am 24. August 948 wird die erste Klosterkirche zu Ehren der Hl. Gottesmutter Maria und des Hl. Mauritius eingeweiht.

Als Gegenleistung dafür wurde das Kloster mit seinen großen Besitzungen am Zürichsee gewissermaßen zum Hüter des Zufahrtsweges zu den Bündner Pässen. Von nicht minderer Bedeutung für das Kloster als die Unterstützung durch die Herzöge des Landes war außerdem die Protektion durch das sächsische Königshaus.

Etwas später (1120) wurde das Benediktinerkloster ***Engelberg*** durch Bischof Ulrich von Konstanz eingeweiht. Die Entstehung der Klöster, wie Einsiedeln und Engelberg, gehört zu den ganz wichtigen Vorgängen in der Innerschweiz. Sie wurden zu Stütz-

punkten geistlichen und kulturellen Lebens und spielen eine wichtige Rolle beim Landesausbau.
Die aus den Schreibschulen der großen Klöster hervorgegangenen Manuskripte zählen zu den bedeutenden Kulturgütern der Innerschweiz.

Die Entstehung der Stadt Luzern

Das um die Mitte des 8. Jahrhunderts am Ausfluß der Reuß gestiftete Benediktinerkloster ***Luzern*** wurde um 850 von Verwandten König Ludwigs des Deutschen wieder hergestellt und zwi-

Hofkirche Luzern. *Frontansicht der in den achtziger Jahren restaurierten Pfeilerbasilika.*

schen 865 und 911 mit ansehnlichem Besitz zwischen dem Bözberg und dem Brünig bedacht. Vor 1135 kam das Kloster Luzern unter die Benediktinerabtei Murbach im Elsaß und damit auch in den Einflußbereich der Grafen von Habsburg, die zu Obervögten des Klosters Luzern und seiner grundherrlichen Höfe wurden.
Auf dieser bedeutenden Grundherrschaft am südlichen Rand der mittelländischen Getreideanbaugebiete und nahe der getreidearmen Voralpenländer entstand anfangs des 13. Jahrhunderts ein aufblühender Getreidemarkt und eng damit verbunden die rasch wachsende Stadt Luzern, die Bestandteil des grundherrlichen Meierhofs blieb.

3. Voraussetzungen für die Entstehung der Eidgenossenschaft

Die Rolle des Hochadels beim Landesausbau

Spricht man beim im 7. und frühen 8. Jahrhundert anzusetzenden Eindringen alemannischer Sippen in den Zentralraum von der Landnahme, so erfolgt zwischen dem 9. und 13. Jahrhundert der Landesausbau, der durch die Bildung von Adels- und geistlichen Herrschaften geprägt ist. Der Zerfall der herzoglichen Macht in Schwaben führte zu einem andauernden Ringen um die Vorherrschaft im schweizerischen Raum. Eine besonders starke Stellung nahmen im 12. und frühen 13. Jahrhundert die Herzöge von Zähringen ein. Wieweit die Kolonisierung gerade vieler Innerschweizer Gebiete auf eine gezielte zähringische Politik zurückging, ist nicht endgültig zu beantworten. Sicher ist, daß eine Reihe von Adelsfamilien als Förderer und Protektoren des Landesausbaus gewirkt haben. Durch Rodungen entstanden in den Seitentälern und in den höheren Regionen neue Dörfer, Weiler und Siedlungen.

Marchenstreite

Die Urbarmachung, die Kolonisierung bisher unbebauter Gebiete durch verschiedene Herrschaften und bäuerliche Gemeinden trugen die Keime für zahlreiche Auseinandersetzungen in sich. Jahrhundertelange Grenz- oder Marchenstreitigkeiten z. B. der Urner mit dem Kloster ***Engelberg*** und der Schwyzer mit dem Kloster ***Einsiedeln*** entbrannten um die Nutzung bedeutender Gebiete, Wälder und Alpweiden. Im Hintergrund ist dabei wohl die Umstellung in diesen Gebieten von der Subsistenz- zu einer profitorientierten Viehwirtschaft zu sehen. Die Urner griffen zur Gewinnung von Alpen über den Klausenpaß auf Glarner Gebiet hinüber, woraus der sagenumrankte Streit um den Urnerboden entstand. Nicht minder heftig und zäh stritten sich die Urner und die Schwyzer um die Ruosalp zwischen dem Schächental und dem oberen Bisistal (im schwyzerischen Muotathal).

Burgruine Attinghausen. *Hier lebten im 13. Jh. die Freiherren von Attinghausen.*

Aus dem Schwyzer Sagenbuch: «Die Schwyzer sollen die schöne Ruosalp in Nöten des Vaterlandes gegen ein Viertel Silbermünzen an Uri abgetreten haben, aber mit dem Ablösungsrecht auf eine genau festgesetzte Frist. Bis auf den letzten Tag hinaus verschoben es die Schwyzer, vom Recht Gebrauch zu machen. Als sie endlich in ihrem Schifflein gegen ‹Uren› zusteuerten, stürzte sich brüllend und tosend der stärkste Urner, der Föhn, in den See und warf ihnen stürmische Wellen entgegen. Als die Schwyzer trotzdem Altdorf erreichten, war die letzte Stunde der festgesetzten Frist verstrichen, und der Säckelmeister von Uri verweigerte die Annahme der Auslössumme. Die Alp verblieb den Urnern.»

Wiederaufkommen des Handels

Gleichzeitig mit dem Landesausbau und den Städte- und Klostergründungen folgte erstmals seit dem Rückgang des Handels in der spätrömischen Zeit wieder eine Renaissance des wirtschaftlichen Lebens. Mitentscheidend für diesen Wirtschaftsaufschwung waren neben der Bevölkerungszunahme, der Arbeitsteilung zwischen städtischer und ländlicher Wirtschaft vor allem das Wiedereinsetzen des Münzumlaufs. Diese Errungenschaft hat insbesondere im Alpenraum eine wirtschaftliche Umstrukturierung eingeleitet: Aufgabe der Selbstversorgungswirtschaft zugunsten eines Ausbaus der Viehzucht und Milchwirtschaft, Möglichkeiten des Handels mit landwirtschaftlichen Produkten. Die Wiederbelebung des internationalen Handelsverkehrs brachte durch die Öffnung des Gotthardweges um 1230 eine zusätzliche Komponente in unseren Raum.
Wenn auch der zentrale Alpenraum städtefrei geblieben ist, so haben doch die Hauptorte der Innerschweiz – ***Sarnen, Stans, Altdorf, Schwyz*** – die Rolle von Städten übernommen. Als eigentliche Fernhändler mit größerem Aktionsradius traten neben den Luzerner Kaufleuten in der Frühzeit vor allem die Schwyzer in Erscheinung.

Die Rolle des Gotthardpasses

Die zunehmende Besiedlung im Zentralraum und die Entwicklung des internationalen Handels führten fast zwingend zur Öffnung der ***Schöllenen*** und damit des Gotthardpasses um 1230. Der Gotthard, als kürzeste Alpentransversale und mit bis weit ins Alpenmassiv hinein führenden Wasserstraßen, ermöglichte den Innerschweizern nicht nur eine Ausweitung ihrer Handelstätigkeit nach Italien, sondern auch eine neue Einnahmequelle aus dem Transportgeschäft. Zu diesem Zweck wurden Säumergenossenschaften in ***Flüelen, Silenen*** und ***Wassen*** gegründet, die

Teufelsbrücke in der Schöllenen: *Der Teufel als Baumeister der ältesten Brücke in der Schöllenenschlucht forderte das erste Lebewesen, das seine Brücke überschreite, für sich. Die schlauen Urner trieben ihm einen Geißbock entgegen. Heinrich Danioths Fresko an der Felswand des südlichen Tunnelausgangs des «Urner Lochs», ein roter Teufel, erinnert an die hübsche alte Sage. Seit der frühen Neuzeit bis in die letzten Jahrzehnte erschlossen zahlreiche Brückenbauten die imposante Reußschlucht.*

den Verkehr über den Gotthard regelten. Die Aushandlung der Transportrechte mit den Kaufleuten bestätigt die Bedeutung, die das Verkehrswesen und dessen Sicherheit innerhalb der alpinen Wirtschaft einnahmen.

Die politische Situation im 13. Jahrhundert

Das Aussterben der Zähringer 1218 und die Machtübernahme durch die Kyburger und vor allem durch die Habsburger bedeuteten eine schicksalsschwere Wende unserer Landesgeschichte. Der zunehmenden Tendenz der Habsburger, eine geschlossene Landesherrschaft im ganzen alten Herzogtum Schwaben zu erlangen, stand das Streben vieler Städte und einzelner Landschaften nach Selbständigkeit sowie nach Reichsunmittelbarkeit und Landeshoheit entgegen. Uri erlangte 1231 seine Loslösung von den Habsburgern und die Reichsunmittelbarkeit gegen eine nachträglich zu erbringende Ablösungssumme. Die Einnahmen aus dem Viehhandel und Transportwesen ermöglichten den Urnern diesen Freikauf. Das Interesse des Königs an diesem Tal ist vor allem aus der politischen und wirtschaftlichen Bedeutung des Gotthardpasses abzuleiten, dessen Öffnung die Innerschweiz dem weiträumigen Verkehr erschlossen hat. Dieser Zugang zur Außenwelt brachte den Innerschweizern Einflüsse und Wandlungen in wirtschaftlicher, sozialer und geistiger Hinsicht. 1240 gelang es den Schwyzern, die Reichsunmittelbarkeit von Kaiser Friedrich II. vor Faenza zu erhalten. Und im frühen 14. Jahrhundert wurden auch die Unterwaldner reichsfrei.

Die soziale Gliederung

Die Verteilung der Macht auf eine Vielzahl kleinerer und mittlerer weltlicher Adelsherrschaften und geistlicher Grundherren mit oft gegensätzlichen Interessen zur Zeit des Landesausbaus hat die soziale Struktur im zentralschweizerischen Raum nachhaltig be-

Der Minnesänger ***Meister Johann Hadlaub,*** *verkleidet als Santiago-Pilger, sucht Annäherung an seine geliebte Dame, die sich auf dem Kirchgang befindet. Die Szene veranschaulicht, wie sich im Mittelalter religiöse und weltliche Lebensäußerungen mischten.*

einflußt. Ein Teil der Bevölkerung stand in Abhängigkeit von einem Grundherrn und war unfrei. Diese Unfreien bebauten sein Land und waren ihm leistungs- und abgabepflichtig. Ihr Schicksal hing weitgehend von ihren jeweiligen Grundherren ab, die sich infolge Erbteilungen und Schenkungen oft in rascher Folge ablösten. Allerdings gelangten im 12. und 13. Jahrhundert auch Unfreie zu Einfluß und Besitz. Zu diesen gehörten die sogenannten Ministerialen. Sie wurden von den großen Grundherren auf deren Gütern als Verwalter eingesetzt und spielten zunehmend eine beachtliche Rolle im damaligen sozialen System.
Die in den zentralen Voralpen begüterten Herrschaften saßen größtenteils außerhalb des Gebirgslandes. Das blieb nicht ohne Einfluß auf die Entwicklungen in den Tälern, wo sich unter den herrschenden Lebensbedingungen ohnehin eine besondere «alpine Gesellschaft» herausbildete. Die Gewinnung neuen Lebensraums, der Aufbau einer für die Viehzucht unabdingbaren geregelten Alpwirtschaft und die Pflege des Waldes als Schutz vor Lawinen und Steinschlag forderten vom Menschen eine beachtliche physische Resistenz und Umsicht. Das prägte nicht nur einen eigenen Menschenschlag, sondern ebenso das gemeinschaftliche und genossenschaftliche Bewußtsein. Auch das alpine Transportwesen hat wesentlich zur Entwicklung dieser Eigenschaften beigetragen. Diese alpine Kultur ist durch eine ausgesprochen konservative Haltung und einen aus der relativen Selbständigkeit und Unabhängigkeit entstandenen Freiheitswillen geprägt. Es überrascht deshalb nicht, daß sich diese bereits an eine große Selbständigkeit gewöhnten Innerschweizer gegen jede verwaltungsmäßige Durchdringung und herrschaftliche Einbindung, wie sie gerade von den Habsburgern angestrebt wurden, sträubten.

Die kirchlichen Strukturen der Innerschweiz um 1300

Die gesamte Innerschweiz, also die heutigen Gebiete der Kantone Uri, Schwyz, Ob- und Nidwalden, Luzern und Zug, gehörten zum Bistum Konstanz. Eine Ausnahme bildete einzig das Urserental, das vom Kloster Disentis aus pastoriert wurde und daher zur Diözese Chur gehörte. Nahezu das ganze Gebiet der genannten Kantone gehörte zum Archidiakonat Aargau; nur die schwyzerische March war demjenigen von Zürich angeschlossen. Die Länder am Vierwaldstättersee bildeten das Diakonat Luzern.

Um 1300 bestanden meist Großpfarreien, von denen zahlreiche Ort- und Talschaften sich in der folgenden Zeit abspalten werden. Es ist nicht einfach, jeweils festzustellen, wann welche Pfarreien entstanden sind, da viele Urkunden heute verloren sind. Weitergehende Untersuchungen sind dennoch möglich: Die Ortsnamensforschung läßt bereits eine gewisse zeitliche Einordnung zu.

Die um 1300 bestehenden Pfarreien sind in drei Etappen entstanden. Aus der ersten Phase (4.–5. Jh.), der spätrömischen, sind in der Innerschweiz keine bekannt. In einer zweiten Zeitspanne (6.–9. Jh.), der alemannisch-fränkischen, sind erste Innerschweizer Pfarreien entstanden. Nach den jetzt bestehenden Forschungen dürfen die folgenden aufgezählt werden: Bürglen, Silenen, Stans und Kerns in alemannisch bis karolingischer Zeit; Luzern, Altdorf und Schwyz sicher in merowingischer Zeit; Sarnen, Alpnach, Giswil in karolingischer Zeit (8./9. Jh.). Die weiteren Pfarreien gehören einer dritten Gruppe an. Die zunehmende Besiedlung verdichtete einerseits die bisherigen Zentren, weitete sich aber auch in bisher unerschlossene Alpentäler aus. Abtrennungen von bestehenden Pfarreien und Neugründungen waren die Folge. Es entstanden folgende Pfarreien durch Abtrennung: Spiringen (1290), Steinen und Muotathal (vor 1281), Morschach (1302), Gersau (zwischen 1159 und 1179), Engelberg (1120), Malters (möglicherweise schon in karolingischer Zeit), Horw, Kriens, Emmen, Buchrain, Meggen (12./13. Jh.). Neu gegründet wurden Sachseln (11. Jh.) und Buochs (evtl. 11. Jh.).

Kurz vor 1300 sind auch zahlreiche Klöster entstanden, von denen noch heute einige bestehen, z. B. ***Seedorf*** (vor 1248), ***Muotathal*** (1288), ***St. Peter am Bach*** in Schwyz (1275) und ***St. Andreas*** in Sarnen (um 1300).

4. Der Bund der Waldstätte

Unruhe und Unsicherheit der Zeit

Die sich im 13. Jahrhundert in rascher Folge ablösenden Adelsherrschaften, die zunehmende Machtentfaltung der Habsburger, die Auseinandersetzung zwischen den staufischen Kaisern und Päpsten bis hin zum Fehlen eines starken Königtums, alle diese Entwicklungen führten zu einer Verunsicherung der Bevölkerung. Die vom aufstrebenden Handelsverkehr beträchtlich profitierenden «schweizerischen» Talschaften und Städte waren jedoch an der Sicherheit des Verkehrsnetzes und ihrer Gemeinwesen interessiert.
In den unruhigen Zeiten seit Beginn des zweiten Drittels des 13. Jahrhunderts schlossen sie deshalb als Mittel zur Friedenssicherung Landfriedensbündnisse mit Gleichgesinnten. Für die Entstehung der Eidgenossenschaft sind neben dem Landfriedensbund der Waldstätte insbesondere auch die Städtebündnisse Berns und der Städte um den Bodensee von Bedeutung. Diese Bündnisse bezweckten eine Regelung des Handels- und Rechtsverkehrs untereinander sowie einen Schutz vor den Wechselfällen der Herrschaft.

Der ältere Bund und der Bund von 1291

Zu diesen weitverbreiteten Landfriedensbündnissen gehört zeitlich und inhaltlich auch das erste, im vollständigen Text uns bekannte Bündnis der Waldstätte von 1291, das anfangs August die beiden reichsunmittelbaren Talschaften Uri und Schwyz mit Nidwalden schlossen. Nur 14 Tage nach dem Tode König Rudolfs von Habsburg entstanden, diente es zur Sicherung des lokalen Friedens in einer Zeit, in der die Reichsgewalt umstritten und damit der Friede und die Reichsunmittelbarkeit gefährdet waren. Das Bündnis enthält u. a. Bestimmungen über gegenseitige Hilfe gegen Gewalttaten inner- und außerhalb der Länder, über die Schlichtung von Streitigkeiten zwischen den Ländern und über den Gerichtsstand. Von besonderer Bedeutung erscheint im Gesamtzusammenhang die Ablehnung fremder Richter.

> ***Bundesbrief von 1291:*** *Bei dieser Urkunde handelt es sich um die Erneuerung eines älteren, zeitlich nicht mehr genau datierbaren Bündnisses. Die Verantwortung für diese ersten Bünde lag bei der kleinen Schicht führender Personen und Familien, die an der Spitze der innerschweizerischen Talschaften stand und die sich aus einigen ansässigen Adels- und Ministerialenfamilien mit großem Grundbesitz sowie begüterten freien Bauern zusammensetzte. Die Fremdenfeindlichkeit der Bewohner und die persönlichen Interessen ihrer Anführer haben zur Abwehr gegen die moderne, straffere Territorialverwaltung der Habsburger geführt.*

Ausschnitt der ***Letzi von Oberarth*** *als Teil der ausgedehnten schwyzerischen Landesbefestigung.*

Der Morgartenkrieg

Die seit dem Landesausbau stets wieder aufflackernden Grenzstreitigkeiten zwischen Schwyz und dem Kloster Einsiedeln verschärften sich, als die Habsburger Schirmherren von ***Einsiedeln*** wurden (1283). Der Überfall der Schwyzer auf das Kloster am Dreikönigstag 1314 war in den Augen Habsburgs ein schwerer Landfriedensbruch und der Höhepunkt einer Eskalation von Prozessen, Klagen und Gewalttaten.
Das Verhältnis zwischen den Waldstätten und den Habsburgern hatte sich jedoch bereits seit dem Tode König Rudolfs (1291) und den darauffolgenden Nachfolgeproblemen zunehmend verschlechtert. Auswirkungen dieses gespannten Verhältnisses waren u.a. die jeweilige Sperrung der Gotthardstraße und des Luzerner Marktes sowie die Ausrufung weiterer Wirtschaftssanktionen gegen die aufständischen Waldstätte. Von der Angst vor einem habsburgischen Angriff zeugen auch die damals von den Urschweizern errichteten Mauern (Letzinen) auf der ***Altmatt*** bei *Rothenthurm*, bei *Arth,* bei *Brunnen* und bei *Stansstad*.

Am frühen Morgen des 15. November 1315 kam es am oberen Ende des Ägerisees bei der (1501 erstmals erwähnten) Schlachtkapelle und weit südlich des heutigen Schlachtdenkmals zur berühmten Schlacht am ***Morgarten.*** Nicht zuletzt wegen der Unterschätzung der bergbäuerlichen Kampftüchtigkeit durch die habsburgischen Ritter unter Führung des Herzogs Leopold und dank der optimalen Ausnützung des Geländes gelang es den Schwyzern und ihren Verbündeten, die österreichische Übermacht mittels einfacher Kampfverfahren zu schlagen. Im Bundesbriefarchiv in ***Schwyz*** bietet ein kleines und heraldisch getreues Diorama ein anschauliches Bild dieser alteidgenössischen Schlacht.
Drei Wochen später, am 9. Dezember 1315, erneuerten die Abgesandten der drei Länder in ***Brunnen*** den Bund von 1291 und erweiterten ihn wesentlich. Die gemeinsame Opposition gegen Habsburg wurde in diesem Morgartenbrief besiegelt und damit die Grundlage für einen politischen Abwehrbund geschaffen. Die

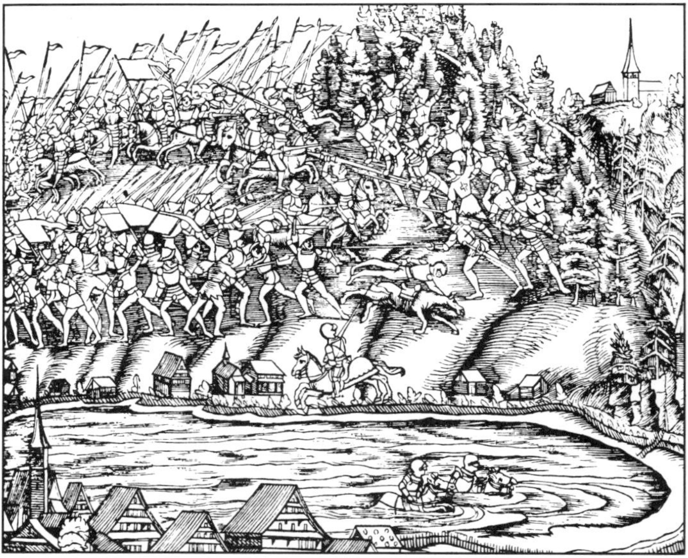

*Die Darstellung der **Schlacht am Morgarten** in der Schweizer Chronik des Johannes Stumpf (Ausschnitt).*

1632–1635 in Brunnen erbaute sogenannte Bundeskapelle erinnert an diesen wichtigen Schritt der Waldstätte.
Durch weitere Befestigungsbauten, wie z. B. die Letzi und den Turm am ***Morgarten,*** bereiteten sich die Waldstätte auf neue kriegerische Auseinandersetzungen mit den Habsburgern vor: der Krieg war noch lange nicht zu Ende!

Die Schicksalsgemeinschaft der Länder am See

Mit dem Erwerb der Stadt *Luzern* 1291 durch Rudolf von Habsburg gelangte dieser für den Handelsverkehr über den Gotthard wichtigste Markt- und Umschlagplatz der Innerschweiz ebenfalls in den direkten Einflußbereich der Habsburger. Der zunehmende Wohlstand der Brückenstadt am Ausfluß des Vierwaldstättersees beruhte ebenso auf dem Handelsaustausch innerhalb des innerschweizerischen Wirtschaftsraumes. Die von den Habsburgern verhängten Wirtschaftssanktionen gegenüber den Waldstätten (z. B. Lebensmittelsperre) gefährdeten das wirtschaftliche Gedeihen Luzerns. Aber auch die Verpflichtung Luzerns zu militärischen und politischen Aktionen gegen die Waldstätte (z. B. Beteiligung am Morgartenkrieg) widersprach den wirtschaftlichen und persönlichen Interessen vieler Bürger. Dieser Konflikt zwischen dem Autonomiestreben der Stadt und den steigenden Ansprüchen der österreichischen Herrschaft führte 1332 zum Bündnis zwischen Luzern und den Waldstätten, denen sich damit der Zugang zum Mittelland und zu ihrem Hauptmarkt öffnete.

Kapellbrücke Luzern. Inneres der ältesten Holzbrücke Europas mit Bilderfolge im Dachstuhl.

Durch diesen Luzerner Bund wurden die bestehenden Herrschaftsstrukturen jedoch nicht aufgelöst, womit Luzern weiterhin im Bannkreis der österreichischen Macht blieb.

5. Die Befreiungsgeschichte der Urschweiz

Die heutige historische Auffassung

Die «Gründungsgeschichte» der Eidgenossenschaft wurde erst um 1471–1474 im ***Weißen Buch*** von ***Sarnen*** niedergeschrieben. Die rund 200 Jahre mündlich weitergegebenen Berichte über die Ereignisse der Gründungszeit müssen deshalb im Lichte der Entwicklung des 15. Jahrhunderts gesehen werden, in der sich offensichtlich bereits ein Geschichtsbild über die Entstehung des Bundes herausgebildet hatte. Obschon einige Schilderungen von der Geschichtsforschung nicht eindeutig bestätigt werden können, entsprechen sie doch in hohem Maße den Rechts- und

*Das **Landessiegel von Unterwalden**, entstanden um 1250.*

Gesellschaftsauffassungen der damaligen Innerschweiz. Die in den Chroniken dargestellten Berichte enthalten jedenfalls einen sehr dichten historischen Kern und bestätigen unzweifelhaft das Bestehen einer eigenständigen urschweizerischen Befreiungstradition.

Die Chronik im Weißen Buch von Sarnen

Diese Kostbarkeit des Obwaldner Staatsarchivs enthält einen Bericht über die Entwicklung der Eidgenossenschaft von den Anfängen bis zum Beginn des 15. Jahrhunderts. Dazu gehören u. a. die Geschichte über Vogt Landenberg von ***Sarnen,*** der Arnold von Melchtal zwei Ochsen ausspannte und dessen Vater blenden ließ, nachdem Arnold nach Uri geflohen war. Die Chronik erzählt auch von der Begegnung zwischen dem Reichsvogt Geßler und Werner Stauffacher vor seinem Steinhaus in ***Steinen.*** Es folgt die Schilderung des geheimen Bundes zwischen Walter Fürst, Werner Stauffacher und Arnold von Melchtal auf dem *Rütli.*
Von besonderer Bedeutung sind schließlich die Geschichten über Tell, den Burgenbruch und die Bildung der achtörtigen Eidgenossenschaft.

Wilhelm Tell und seine Gedächtnisstätten

Die Frage nach Wirklichkeit oder Sage bei Tell hat die Geschichtsforscher seit dem 18. Jahrhundert beschäftigt. Nach wie vor ist bisher keinem der letzte und gültige Nachweis gelungen, ob Tell gelebt hat oder nicht. Für die Befreiungsgeschichte jedoch ist Tell der Vertreter jener urschweizerischen Kulturlandschaft.
In Friedrich Schillers Schauspiel «Wilhelm Tell» wird er nicht nur als Freiheitsheld, sondern als Symbol des Widerstandes gegen jede Unterdrückung dargestellt.

*Das **Rütli:** Die Eidgenossen aus den drei Ländern trafen sich nach der Erzählung des Weißen Buches zu ihren Beratungen und zur Vorbereitung des Bundes auf dem Rütli. Die stille Wiese am Urnersee wurde im Laufe der Schweizergeschichte zu einem Symbol der Freiheit und des Vaterlandes schlechthin. Sie konnte 1859 dank einer gesamtschweizerischen Sammelaktion, vor allem durch die Jugend des Landes, aus Privatbesitz erworben und Bundeseigentum werden. Die Schweizerische Gemeinnützige Gesellschaft verwaltet und betreut im Auftrag des Bundesrates dieses wichtige Stück Schweizerboden.*

Im Weißen Buch beginnt die Sage mit Geßlers Hut auf der Stange in ***Altdorf,*** den Tell, ein Mitglied des Rütlischwurbundes, nicht grüßt und deswegen von Geßler zum Apfelschuß verurteilt wird. Es folgt die bekannte Fahrt auf dem stürmischen Urnersee mit dem Absprung Tells bei der ***Tellsplatte*** und der Tötung Geßlers in der Hohlen Gasse bei ***Küßnacht.*** Die Bedeutung Tells für die Befreiungsgeschichte manifestiert sich in den zahlreichen Sehenswürdigkeiten, denen man auf einer Reise durch die Innerschweiz begegnet. Dazu gehören in erster Linie die drei Tellskapellen bei ***Bürglen,*** an der Tellsplatte und in der Hohlen Gasse, das Tell-Museum in Bürglen, das Telldenkmal und das Tellspielhaus in ***Altdorf.***

Der Burgenbruch in der Befreiungsgeschichte

Nach dem Weißen Buch war Geßlers Tod das Zeichen zum allgemeinen Aufstand; der Sturm auf die Burgen und die Vertreibung der Vögte waren demnach die Folge. Wenn auch die Geschichte des Burgenbruchs urkundlich und archäologisch nicht abschließend oder nur sehr widersprüchlich belegt ist, weisen diese Berichte auf spezifische Eigenschaften der damaligen Bevölkerung hin, die nach volkskundlichen Erkenntnissen ihrer rauhen Berglerkultur durchaus entsprachen.

Die Entstehung der Eidgenossenschaft der Waldstätte beruhte auf einem vielschichtigen Prozeß, der sich mehrphasig um die Wende vom 13. zum 14. Jahrhundert abgespielt hat. Für diesen

Tellmuseum im alten Wattigwylerturm in Bürglen.

langjährigen Vorgang hatte die gelegentliche Erstürmung oder Zerstörung der einen oder anderen Burg nur geringe Bedeutung. Die chronikalische Überlieferung ist eben im Zusammenhang mit dem im 15. Jahrhundert geprägten Geschichtsbewußtsein breiter Volksschichten zu verstehen, die sich unter Berufung auf den Burgenbruch ihrer Vorfahren ihrer eigenen Zerstörungen von Burgen rühmten.

Burgen in den Waldstätten

Das Fehlen von starken Zwingburgen in der Innerschweiz ist wohl darauf zurückzuführen, daß die hier herrschenden Adelsfamilien ihren Wohnsitz weit außerhalb der Länder am Vierwaldstättersee hatten. Im Verlaufe des Landesausbaus und der damit

*Burg der **Edlen von Wolfenschießen** aus dem 13. Jh.*

verbundenen herrschaftlichen Durchdringung lenkten die in der Innerschweiz begüterten Dynastien das Schicksal der Waldstätte aus der Ferne über eingesetzte Verwalter oder Ministerialen. Als Wohn- und Amtssitze für die lokalen Verwalter dieser Güter entstanden im 13. Jahrhundert einfache Wohntürme mit wenigen, untergeordneten Nebenbauten. Einige davon sind erhalten geblieben, wie z. B. der in diese Zeit zurückreichende Schwyzer ***Archivturm.*** Andere wurden zu eigentlichen kleinen Burgen ausgebaut. Diese Turmburgen verkörperten Macht, Reichtum und legitime Herrschaft und boten ihren Bewohnern Schutz vor räuberischen Überfällen.

Burgruinen in der Innerschweiz

Die folgenden zum Teil restaurierten Burgruinen sind sichtbare Zeugen aus der Ritterzeit des 12. und 13. Jahrhunderts:

«Zwing-Uri», die Geßlerburg aus der Tellgeschichte, zwischen ***Silenen*** *und* ***Amsteg.***

«Attinghausen», die größte Burgruine der Zentralschweiz, und die «Schweinsburg», ein Wohnturm, in ***Attinghausen.***

«Geßlerburg» bei ***Küßnacht am Rigi.***

«Schwanau», die Inselburg im ***Lauerzersee.***

«Landenberg» die obere Burg, und «Hexenturm», die untere Burg, in ***Sarnen.***

«Rotzberg» bei ***Stans.***

«Wolfenschießen» bei ***Wolfenschießen.***

Neben den Kleinburgen finden sich in zahlreichen Dörfern der Innerschweiz auch Spuren von Wohntürmen und Steinhäusern, die von Familien der lokalen politischen Führungsschicht bewohnt waren. Diese festen Steinbauten galten neben anderen Statussymbolen als Zeichen gehobenen Standes; sie bedeuteten für den Ortsadel die Voraussetzung für eine ritterliche Lebensführung. Mit dem zunehmenden Territorialisierungsdruck der Habsburger im späten 13. Jahrhundert, den vor allem die lokale Oberschicht zu spüren bekam, dürfte der Bau von solchen Wohntürmen durch landesherrliche Eingriffe eingeschränkt worden sein. Auf diese Entwicklung jedenfalls weist der Konflikt zwischen Geßler und Stauffacher im Weißen Buch hin.

Innerschweizer Heereszug: Mit den Bannern marschieren Spielleute und Elitekrieger im Harnisch, bewaffnet mit riesigen Schwertern. Der eine bläst in ein Harsthorn. Die Straußenfedern galten als eidgenössisches Abzeichen.

6. Die Entwicklung der achtörtigen Eidgenossenschaft

Luzern löst sich von Habsburg

Das erste Bündnis der Waldstätte, das sie mit einem ihrer Nachbarn schlossen, war dasjenige mit ***Luzern.*** Hauptbestandteil des Luzernerbundes bildete das gegenseitige Hilfsversprechen bei äußeren und inneren Gefahren; bei den außenpolitischen Bestimmungen sind Übereinstimmungen mit dem Morgartenbrief von 1315 festzustellen. Dem Vierländerbund von 1332 schlossen sich die kleinen habsburgischen Vogteien ***Weggis*** und ***Gersau*** an. Österreich seinerseits versuchte diese Emanzipation ***Luzerns*** von seiner Herrschaft durch eine elastische Politik aufzufangen.

Die entscheidende Phase der Lösung Luzerns von Habsburg-Österreich folgte dann 50 Jahre später, im Sempacherkrieg.

Die Zürcher Zunftrevolution und der Bund mit den Waldstätten

Ähnlich wie ***Luzern*** ist auch ***Zürich*** aus einer augenblicklichen Krisenlage heraus eine nähere Verbindung mit den Waldstätten eingegangen. Vor dem Hintergrund der österreichischen Machtentfaltung, die sich für Zürich 1330 durch den Übergang Rapperswils, und damit des Zugangs zu den Bündner Pässen, in österreichische Oberhoheit auswirkte, entwickelten sich in der Reichsstadt Zürich zunehmend soziale Spannungen zwischen den österreichfreundlichen Kaufleuten und Rittern einerseits und den kaiserfreundlichen Handwerkern andererseits. Aus dem von Ritter Rudolf Brun angeführten Umsturz von 1336 wurden die in Zünften organisierten Handwerker unter dem zum Bürgermeister

und Hauptmann auf Lebenszeit gewählten Rudolf Brun die Sieger. Als Folge dieser Machtverschiebung kam der zürcherische Freihandel zum Erliegen.
Die bisher in ***Zürich*** herrschende Schicht suchte in der Verbannung Rückhalt bei den österreichisch ausgerichteten Grafen von ***Rapperswil.*** Trotz erfolgreicher Waffengänge gegen Rapperswil, die mit der Zerstörung von Alt-Rapperswil endeten, führte Rudolf Bruns riskante Expansionspolitik Zürich in eine Isolation innerhalb seiner bestehenden Bündnissysteme. In diesem Augenblick mußte Zürich möglichst rasch neue Bundesgenossen suchen und fand diese in den Waldstätten.

Für die Waldstätte brachte der 1351 geschlossene Zürcherbund eine Annäherung an diese wichtige Reichsstadt und damit eine gewisse Kontrolle über den ungestümen Expansionsdrang Bruns, der dem — gerade in der March — nahen ***Schwyz*** *ein Dorn im Auge war.*

Da sich nun fünf Bundesglieder verständigen mußten, wurde als fester Tagungs- und Schiedsgerichtsort ***Einsiedeln*** bestimmt. Der Zürcherbund ist für spätere eidgenössische Bünde und Schiedsgerichte zum Vorbild und für die Entwicklung der «Tagsatzung» wichtig geworden.

Glarus wird erobert

Ende 1351 gingen Zürich und Schwyz gegen ***Glarus*** vor, das schon lange in Kontakt mit den Nachbarn Uri und Schwyz stand und die Gelegenheit benutzte, die österreichische Herrschaft abzuwerfen.
Das eroberte ***Glarus*** mußte 1352 einen ungünstigeren Bund annehmen als das fast gleichzeitig eingebundene ***Zug*** und wurde dadurch nur zu einem zugewandten Ort der Eidgenossen. Erst 1473 wurde der Glarnerbund neu ausgefertigt und damit das Land seinen Eidgenossen gleichgestellt.

Zug unter schwyzerischen Ammännern

Von größerer Bedeutung für die Eidgenossen war die Einbindung des von Zürich, Schwyz und Luzern fast ganz umfaßten und von Habsburg beherrschten Amtes ***Zug.*** Als Güterumschlagplatz auf dem Weg von Zürich zum Gotthard konnte diese vorgeschobene Position der Herrschaft gerade den Städten ***Luzern*** und ***Zürich*** gefährlich werden. 1352 kam es nach einer kurzen Belagerung zum Bundesschluß mit ***Zug.*** Das Interesse der Eidgenossen an dieser Stadt zeigt sich auch in der Ausgestaltung des Zugerbundes, der beinahe wörtlich dem Zürcherbund entsprach.

Im Rahmen größerer Auseinandersetzungen im ganzen späteren ost- und innerschweizerischen Raum zwischen den eidgenössischen Orten und Österreich, mit halbherziger Unterstützung

*Die **Zuger Burg** aus dem 13. Jh. (seit der Restaurierung von 1982 Historisches Museum).*

durch die Reichsgewalten, kam es zu Rückschlägen für Zürich und seine Verbündeten. Die Bündnisse mit ***Zug*** und ***Glarus*** wurden praktisch aufgehoben. Hartnäckig versuchte Schwyz in der Folge trotzdem seinen Einfluß in Zug durchzusetzen, in dem es zwischen 1370 und 1404 den Ammann stellte.

Der Bund mit Bern

Der Bund ***Berns*** mit den drei Waldstätten von 1353 – eine Erweiterung des seit 1323 bestehenden Kriegsbündnisses – ist wohl noch mehr als derjenige Zürichs aus der momentanen politischen Lage entstanden. ***Bern*** war an einer Sicherung des Oberlandes gegenüber den Expansionsgelüsten seitens der Waldstät-

Die spätgotische ***Pfarrkirche St. Oswald*** *in Zug.*

Besammlung der jungen Krieger an der Fastnacht von Zug zum Unternehmen des ***«Saubannerzuges»****. Die Schar ist bezeichnenderweise nicht mit Stangenwaffen ausgerüstet, sondern mit großen Schwertern, den Waffen der Elitekämpfer. Die unstaatlichen Aktionen von wilden Freischarenzügen im 15. Jahrhundert waren vorab gegen den Willen der Obrigkeit gerichtet. Der Saubannerzug von 1477 wurde sogar Gegenstand der Tagsatzung.*

te interessiert, diese – zusammen mit *Luzern* und *Zürich* – an einer Rücken- und Flankensicherung gegen Österreich. Es war die gleiche exponierte Stellung der beiden Reichsstädte *Zürich* und *Bern,* die zum Zusammenschluß führte, womit der Bernerbund zum westlichen Gegenstück des Zürcherbundes wurde. Im wesentlichen legte der Bernerbund die gegenseitige Hilfspflicht und das Schiedsgericht in *Kienholz* bei *Brienz* fest. Die Partner blieben frei, weitere Bündnisse abzuschließen.

Die achtörtige Eidgenossenschaft um die Mitte des 14. Jahrhunderts

Die Eidgenossenschaft um die Jahrhundertmitte war kein geschlossenes Staatswesen, sondern vielmehr ein komplexes System verschiedener Bünde zwischen teilweise höchst ungleichen Partnern: ein fester Kern von Ländern am Vierwaldstättersee, eine mit diesem eng verbundene, aber unter österreichischer Herrschaft stehende Stadt (Luzern) und zwei im Vorland gelegene Reichsstädte (Zürich und Bern), die aber zugleich auch in österreichische Bündnisse verflochten waren. Noch war Habsburg-Österreich die dominierende Macht im Gebiet der späteren Schweiz.

Das Ringen mit Österreich

In der zweiten Hälfte des 14. Jahrhunderts entwickelte sich zwischen den Eidgenossen zunehmend ein neues gemeinschaftliches Bewußtsein und ein gewandeltes Verständnis des Verhältnisses zu Österreich. Die Aufnahme *Entlebuchs* und *Sempachs* ins luzernische Burgrecht forderte schließlich die Habsburger 1386 zum entscheidenden Waffengang bei *Sempach* heraus. Die vereinigten Luzerner, Urner, Schwyzer und Unterwaldner gewannen die Schlacht nach anfänglich unentschiedenem, langem und hartem Ringen gegen die Übermacht des österreichi-

Südansicht der ***Schlachtkapelle St. Jakob*** *von Sempach.*

schen Ritterheers. Nach Morgarten war auch hier das feudale Rittertum dem eidgenössischen Kriegertum in einer großen Schlacht unterlegen. An den sagenhaften Helden von Sempach, Arnold von Winkelried, erinnern in Stans das 1865 geschaffene Denkmal und der Winkelriedbrunnen.

Für Österreich führte diese Niederlage zu einem Machtzusammenbruch im Westen und zur Einleitung seines endgültigen Ausscheidens aus dem nachmals schweizerischen Gebiet. Luzern und seine neuerworbenen Gebiete lösten sich endgültig von der österreichischen Herrschaft ab. Schließlich hat auch ***Glarus*** die Herrschaft in der siegreichen Schlacht bei ***Näfels*** 1388 abgeworfen und festen Anschluß an die Eidgenossenschaft gefunden. Wie die Schwyzer zur Zeit des Morgartenkriegs schützten die Glarner den Eingang in ihr Land durch eine ausgedehnte Befestigungsanlage.

Als Folge dieser oft stürmischen und ungeordneten Waffengänge wurde 1393 der Sempacherbrief besiegelt, der als Kriegsordnung einen wichtigen Markstein in der Entwicklung des gemeineidgenössischen Vertragswesens bedeutet.

Ende des 14. Jahrhunderts war die Eidgenossenschaft als umfassendes Ganzes auf dem Wege, eine Realität zu werden. Noch fehlte eine zentrale, das Ganze zusammenhaltende Institution; Tagsatzung und Vorort sind Erscheinungen des 15. Jahrhunderts.

Das ***Winkelried-Denkmal*** *in Stans.*

7. Die Innerschweiz im Spätmittelalter

Die eidgenössischen Orte zu Beginn des 15. Jahrhunderts

Nach dem Sempacherkrieg veränderte sich die Machtlage zwischen den feudalen und den kommunalen Herrschaften zugunsten der letzteren. Die österreichischen Herzöge waren in der Folge sehr bemüht, Konflikte mit den Eidgenossen zu vermeiden und schlossen deshalb mit ihnen Waffenstillstände. Dies erlaubte den eidgenössischen Orten, ihre territorialen Herrschaften durch Einbürgerungen sowie durch Landkäufe von verschuldeten Adelsfamilien beträchtlich zu erweitern. Neben den territorialen Gebietserweiterungen versuchten sie auch die Kontrolle über wichtige Straßen und Zollstätten zu erlangen, die in einer Zeit des erneuten Wirtschaftsaufschwungs beachtliche Einnahmenquellen darstellten. Diese wirtschaftlichen und verkehrstechni-

*«**Hechhuis**» bei Wolfenschießen, ein herrschaftliches Bauernhaus aus dem 16. Jh.*

schen Gegebenheiten waren neben den reichspolitischen Aspekten die Hauptursache für die 1415 erfolgte Eroberung des österreichischen ***Aargaus*** durch ***Bern*** und die Eidgenossen.
Der Ausbau ländlicher und städtischer Territorialherrschaften führte sowohl zu inneren Spannungen, in deren Folge zahlreiche aristokratisch-bürgerliche Landammännerfamilien (z. B. Attinghausen, Stauffacher, Wolfenschießen u. a.) gestürzt wurden oder abtraten, als auch zu äußeren Spannungen zwischen den acht Orten, dort wo sie als Konkurrenten im Kampf um neue Gebiete und Verkehrswege auftraten.
Der friedlichen Beilegung solcher zwischenörtiger Streitigkeiten um gemeinsam beanspruchte Territorien oder Rechte dienten insbesondere die Schiedsgerichte, aus denen sich die Tagsatzung als eigentliches eidgenössisches Podium entwickelte.

Landsgemeinde und Tagsatzung

Nach älterer Auffassung lassen sich die ***Landsgemeinden*** der schweizerischen Landkantone auf das Landesthing der freien Germanen zurückführen. Die große zeitliche Distanz zwischen der germanischen Zeit und dem eindeutigen Erfassen der Landsgemeinde im Spätmittelalter mahnt indessen zur Vorsicht. Immerhin darf die Gerichtsgemeinde der fränkischen Zeit und des hohen Mittelalters als eine Wurzel der Landsgemeinde erblickt werden. An dieser Gerichtsgemeinde sind mit der Zeit — gerade in den stark von genossenschaftlichen Elementen geprägten Gemeinden des zentralen Alpen- und Voralpenraums — auch die Geschäfte der Verwaltung des gemeinsamen Eigentums, der gemeinsamen Nutzung des Landes behandelt worden.
Mit der sozialen und wirtschaftlichen Entwicklung schritt die politische einher. An der Gemeinde der Landleute mußten ebenfalls politische Entscheide getroffen und gesetzgeberische Arbeiten geleistet werden. Allmählich entwickelte sich die Landsgemeinde zu der uns vertrauten Form der Versammlung aller politisch und am gemeinsamen Eigentum voll berechtigten Landleute.

Die Landsgemeinde wird zur höchsten Gewalt, zum Souverän in den Ländern: in Uri, Schwyz, Unterwalden, Zug und Glarus, aber auch in Appenzell und in weiteren, von ihrer politischen und sozialen Struktur her ähnlich gelagerten, Gebieten der späteren Schweiz (z. B. Wallis, Graubünden). Heute kennen noch Ob- und Nidwalden, Glarus und die beiden Appenzell die Landsgemeinde als oberstes Organ.

Als Stimmrechtsalter galt im allgemeinen das zurückgelegte 16. Lebensjahr, an einigen Orten zu Zeiten schon das 14. Lebensjahr. An allen Landsgemeinden war bis zum Ende der alten Eidgenossenschaft das bewaffnete Erscheinen geboten.
Während der Zeit der alten Eidgenossenschaft, die keine eigentliche Zentralbehörde kennt, bildete die ***Tagsatzung*** der einzige äußere Ausdruck der Zusammengehörigkeit der eidgenössischen Orte. Eigentliche gesetzgeberische oder vollziehende Befugnisse, wie die späteren Organe des Bundesstaates, besaß sie keine. Sie befaßte sich vor allem mit Geschäften, welche gemeinsame Interessen der Eidgenossenschaft betrafen. Die Verhandlungen drehten sich um auswärtige Bündnisse, um Kriegserklärungen oder Friedensschlüsse mit auswärtigen Mächten. Ein gemeinsamer Beschluß war dabei für den einzelnen Ort noch nicht verpflichtend. Die Sorge um den inneren Frieden und die Aufrechterhaltung der Rechtsordnung waren weitere Gegenstände eidgenössischer Tagsatzungen.
Man traf sich zu einem «Tag». In zwei Bundesbriefen waren feste Tagungsorte für die Boten der beteiligten Stände vereinbart: im Zürcherbund war es ***Einsiedeln*** und im Bernerbund ***Kienholz*** bei Brienz. Sonst war in der frühen Zeit kein allgemein gültiger Ort für die Zusammenkünfte vereinbart. Neben den Hauptorten der alten Stände treten Tagungsorte wie ***Beckenried, Brunnen, Treib*** usw. auf. Im 14. und zu Beginn des 15. Jahrhunderts war ***Luzern*** der beliebteste Tagungsort, von 1426 an übernahm das in gemeinsamer Verwaltung stehende Baden mit seinen Annehmlichkeiten, den Bädern und Gasthäusern, diese Rolle. Erst

*Das «**Haus an der Treib**» am Vierwaldstättersee, alte Freistätte und gelegentlich Tagsatzungsort der Waldstätte.*

nach dem 2. Villmergerkrieg von 1712 wurden die gemeinsamen Tagsatzungen nach ***Frauenfeld*** verlegt. Zusätzlich trafen sich einzelne Gruppen von Orten zur Behandlung besonderer, nur sie betreffender Fragen an eigenen Tagsatzungen. So tagten nach der konfessionellen Trennung der Eidgenossenschaft die katholischen und reformierten Orte regelmäßig getrennt.
Als Vorort der Tagsatzung, Vorsitz, waltete seit dem Ausgang des 15. Jahrhunderts bis zum Zusammenbruch der Eidgenossenschaft von 1798 der Stand Zürich.

Das wirtschaftliche Leben

Die erste Hälfte des 15. Jahrhunderts war zunächst geprägt durch einen bevölkerungsmäßigen Tiefstand infolge des Peststerbens, durch Produktivitätssteigerungen und Spezialisierung in der Landwirtschaft, dann durch einen Aufschwung der Städte und des damit verbundenen Handelsverkehrs. Mehr als je zuvor kreuzten und überlagerten sich die Handelsströme, die Nordeuropa mit dem Mittelmeerbecken und den Osten mit dem Westen des Kontinents verbanden. Neben dem Gotthardpaß galt das Interessse der Eidgenossen den Bündnerpässen sowie deren Zufahrtswegen, die insbesondere den Handel zwischen Süddeutschland, Zürich und den italienischen Gewerbezentren erleichtern sollten. Aber auch die wirtschaftlich aufblühende Region ***St. Gallen*** suchte eine Annäherung an die Eidgenossenschaft, die ihr den Zugang zu ihren Textil-Absatzmärkten gewährte. Von zunehmender Bedeutung für die Eidgenossenschaft wurden ***Baden*** und der Aargau als verkehrsmäßige Drehscheibe des internationalen Handels.

Die sozialen Umschichtungen

Im 15. Jahrhundert standen sich in der Schweiz sehr unterschiedliche soziale Gruppen gegenüber, die sich je nach Interessenlage und Umständen bald unterstützten, bald bekämpften. Geschichtlich in Erscheinung traten vor allem ein oft begüterter und stets unruhiger Bauernstand, ein aufblühendes städtisches Bürgertum und ein an Bedeutung und Macht abnehmender grundherrlicher Adel.

Die wirtschaftliche Zusammenarbeit zwischen den den Nahrungsmittelbedarf der Städte deckenden Bauern und den die Landwirtschaft mit Produktionsgütern versorgenden Städten brachte beiden Seiten Wohlstand und verfügbare Geldmittel. Diese erlaubten insbesondere den Bergbauern, sich von den vom Makel der Unfreiheit behafteten Frondiensten und Abgaben loszukaufen. Dagegen versuchten die adeligen und geistlichen Grundherren im Unterland ihre zunehmenden finanziellen Schwierigkeiten durch eine verstärkte Ausbeutung der abhängigen Bauern zu überwinden. Ein Paradebeispiel dafür ist der Kampf zwischen dem Abt von ***St. Gallen*** und seinen Untertanen im Appenzellerland.

Der Niedergang des Adels ließ sich jedoch auch durch die Ausbeutung der Bauern nicht aufhalten. Die Aufteilung der Erbschaften führte zu einer Zerstückelung des Grundbesitzes und damit zu geringeren Einnahmen. Das durch Kriegsführung und aufwendige Lebenshaltung ohnehin reduzierte Vermögen reichte in einer Zeit der Geldentwertung nicht mehr aus, eine standesgemäße Hofhaltung zu finanzieren. Die Grundherren waren gezwungen, ihre Besitztümer zu verkaufen oder Anleihen bei Kaufleuten und Städten aufzunehmen, die dafür aber Boden und Nutzungsrechte als Pfand nahmen.
Das aufstrebende Bürgertum begann sich durch eine ritterliche Lebensweise dem niederen Adel anzugleichen, während anderseits Adelige und Ministeriale in das städtische Bürgertum eintraten, ohne ihren sozialen Status zu verlieren. Daraus entwickelte sich eine neue aristokratische Schicht, die die Entwicklung der Städte und der Eidgenossenschaft im Spätmittelalter entscheidend beeinflußte.
Aufstiegsmöglichkeiten boten sich auch den Handwerkern in der Zunftverfassung, die ihnen in vielen Städten den Zutritt zum Staatsdienst öffneten.

Im Vergleich zum Ausland entwickelte sich in der Eidgenossenschaft des 15. Jahrhunderts eine ausgeglichenere soziale Schichtung, weshalb auch tiefgreifende soziale Unruhen ausblieben.

Das Reislaufen

Die Männer der Urschweiz sind schon früh als Söldner im Dienste verschiedener Herren ins Feld gezogen. Innerschweizer Krieger sind im 13. Jahrhundert in Oberitalien, aber auch in verschiedenen Heeren und Kriegen diesseits der Alpen anzutreffen. Die Erfassung dieses Phänomens muß mehrere verschiedenartige und doch miteinander verbundene Faktoren berücksichtigen. Der Kampf, der Krieg, das Führen einer Fehde gehören durchaus

zum Bild jener archaischen Gesellschaft der frühen eidgenössischen Zeit. Die jungen Männer wuchsen ohne besondere oder gar zielgerichtete Ausbildung in die Rolle des Kriegers hinein. Kriegs- und Abenteuerlust sind als Motive nicht zu unterschätzen. Die Umstellung der Subsistenzwirtschaft in den Urschweizer Tälern auf eine intensive profitorientierte Viehwirtschaft blieb nicht ohne Folgen. Die im Spätmittelalter auf diese Weise entstehende Hirtenkultur setzte überschüssige Arbeitskräfte frei. So bedeuteten die im Winterhalbjahr zur Untätigkeit verurteilten jungen Hirten ein stetes Unruhepotential und zum wilden Aufbruch sehr geneigtes Kriegerreservoir.
Nachdem sich die Eidgenossenschaft von eigenen kriegerischen Unternehmungen im Ausland zurückzog (Marignano 1515), strömten die jungen Schweizer zu Tausenden unter die Fahnen fremder Kriegsherren. Nach vergeblichen Versuchen, dem Sold- und Pensionswesen (Zahlungen fremder Fürsten an eidgenössische Söldnerführer) einen Riegel zu schieben, nahmen die Orte die Organisation der fremden Dienste selbst an die Hand. Die Soldverträge — Kapitulationen — wurden für sie zu einem einträglichen Geschäft, ein Teil der Pensionen floß in die Staatskassen. In verschiedenen Städten und Ländern der Eidgenossenschaft bildete sich in der Folge ein eigentliches Soldunternehmertum heran, das sich mit der Werbung und der Organisation des Söldnernachwuchses für die in Frankreich, Spanien, Holland und vielen andern Staaten stehenden Regimenter befaßte.

Die kirchliche Situation der Innerschweiz um 1500

Das kirchliche Leben befand sich im 15. Jahrhundert in einer Krise: Die vorreformatorischen Zustände sind allgemein bekannt. Konkubinat und schlechter Lebenswandel der Weltgeistlichen und Ordensleute wirkten auf die einfachen Kirchgänger kaum erbaulich. Die Ausbildung der Kirchendiener beschränkte sich fast durchwegs auf ein theologisches Minimum. Die Seelsorgestellen wurden von sogenannten Pfründenjägern dank päpstlicher

Reservationen zusammengekauft. Mit den pastoralen Aufgaben beauftragten sie Altaristen, also Priester, die meist nur Messen zu lesen hatten und keine oder nur eine äußerst rudimentäre Ausbildung aufzuweisen hatten. Die Krise machte auch vor den Klöstern nicht halt. Zu Zwinglis Einsiedler Zeit (1516–1519) lebten im Kloster nur mehr zwei Mönche.
Die Mißbräuche blieben nicht unerkannt: Zahlreiche Eremiten begegnen uns, wenn wir die Akten dieser Zeit durchsehen, so schon im 13. Jahrhundert im Schwyzer ***Tschütschi*** am Mythen. Der bekannteste Einsiedler war der hl. Nikolaus von Flüe (1417–1487) im Obwaldner ***Ranft.*** Auch die kirchliche Hierarchie erkannte die Zeichen der Zeit. Ende des 15./Anfang des 16. Jahrhunderts legte der Bischof von Konstanz der Tagsatzung seiner Diözesanstände ein Reformprogramm zur Hebung von Lebenswandel und Ausbildung der Weltpriester und Mönche vor. Die Eidgenossen wiesen aber das Projekt zurück, weil sie es als Einmischung in ihre Hoheit empfanden.

Das Vordringen Uris in die Leventina

Als sich Schwyz in der ersten Hälfte des 15. Jahrhunderts in die Ostschweiz ausdehnte, verfolgten Uri und Obwalden expansive Ziele im Süden. Die ***Leventina*** – der direkte Nachbar jenseits des Gotthards – stellte für Uri die einzige Möglichkeit einer Gebietserweiterung dar und bot sich gleichzeitig als natürliches geographisches und wirtschaftliches Ausfalltor nach Italien an.
Während eines vorübergehenden Machtzerfalls ***Mailands*** ergriffen Uri und Obwalden die Gelegenheit, nahmen 1403 die Leventina in ihr Landrecht auf und erreichten damit Zollfreiheit und weitere Handelsprivilegien. 1419 gelangten sie in den Besitz der Festung und Herrschaft von ***Bellinzona*** – der Schlüsselstellung am Verkehrsweg vom Gotthard nach ***Mailand.*** Bereits drei Jahre später eroberte Mailand ***Bellinzona*** zurück und stellte nach der für die Eidgenossen unglücklichen Schlacht von ***Arbedo*** die Verhältnisse von 1402 wieder her.

*Die fehlende Solidarität und ungleiche Interessen der übrigen Eidgenossen verhinderten vorerst die Behauptung der eroberten Gebiete im Tessin. Die Herrschaft über das Tessin hing am Besitz **Bellinzonas,** das erst im 16. Jahrhundert endgültig gewonnen wurde.*

Die Expansion der Schwyzer ins Appenzellerland

Während die Städte die finanziellen Nöte des Adels auszunutzen wußten, profitierten die Talschaften der Innerschweiz von der sozialen Unruhe in ländlichen Gegenden außerhalb ihres Territoriums.
Auch den Appenzellern kam die Hilfe der Schwyzer sehr gelegen, die jene 1403 in ihr Landrecht aufnahmen. In der Folge sandte ***Schwyz*** Söldner nach ***Appenzell*** und übernahm sogar die politische und militärische Führung, die einem Schwyzer Hauptmann anvertraut wurde. Die kämpferischen Appenzeller Bauern schlugen mit Hilfe der Schwyzer Söldner 1403 auf der ***Vögelinsegg*** das rasch zusammengeraffte Heer des Klosters und der Stadt St. Gallen.
Ein weiteres aus Adligen und Städten Vorderösterreichs zusammengesetztes Heer erlitt am ***Stoss*** 1405 eine erneute demütigende Niederlage. Darauf folgte in der Ostschweiz ein eigentlicher Bauernaufstand, der gegen den Adel und das Feudalsystem gerichtet war und zu vorübergehenden und von Österreich anerkannten Gebietserweiterungen bis ins Fürstenland, den Thurgau, das Vorarlberg und die March führten. Die Belagerung von ***Bregenz*** 1408 endete für die siegesgewohnten Appenzeller dann aber mit einer Niederlage und der Rückgabe der eroberten Gebiete sowie der erneuten Unterstellung unter das Kloster St. Gallen.
Die Appenzeller wurden indessen 1411 und die Stadt ***St. Gallen*** 1412 ins Landrecht der Eidgenossenschaft aufgenommen; damit geriet die Ostschweiz endgültig in den Einflußbereich der Eidgenossen.

*Für **Schwyz** hat sich dieser Vorstoß nach Osten durch Gebietserweiterungen bis zum oberen Ende des Zürichsees und zum Linthtal bezahlt gemacht. Dadurch erhielt dieser innere Ort Zugang zur internationalen Bündner Straße und grenzte somit an **Zürich** mit den gleichen Interessen.*

Der Toggenburger Erbschaftskrieg

Die Konkurrenz der Interessen der Schwyzer und Zürcher am oberen Zürichsee um den Zugang zu den Bündner Pässen löste nach dem Tode der Grafen von Toggenburg 1436 einen langjährigen Krieg im eidgenössischen Raume aus: den sogenannten Toggenburger Erbschaftskrieg oder auch Alter Zürichkrieg genannt. Der viele Jahre amtende Schwyzer Landammann Ital Reding erreichte dank seiner diplomatischen Fähigkeiten in dieser langwierigen Auseinandersetzung, daß die Zürcher dem Stande Schwyz die Höfe ***Pfäffikon*** und ***Wollerau*** sowie ***Hurden*** und die ***Ufenau*** abtreten mußten.
Der Alte Zürichkrieg weitete sich in der Folge aus und führte zu Konfrontationen auf politischer Ebene zwischen dem Reich und der Eidgenossenschaft, den Habsburgern und den Bauern und auf sozialer Ebene zwischen dem Feudaladel und den ländlichen sowie städtischen Gemeinwesen. Der zunächst auf den Raum um den Zürichsee begrenzte Konflikt erstreckte sich bald auf das ganze Rheintal von Chur bis Basel. Im Jahre 1450 ging dieser «Bürgerkrieg» — die kritischste Phase im Aufbau der Eidgenossenschaft — zu Ende.

Die Entwicklung eines Nationalbewußtseins

Die erste Hälfte des 15. Jahrhunderts war gekennzeichnet durch Kriege und große Erschütterungen, welche die Chance einer mehr als hundertjährigen Entwicklung zur Einheit ernsthaft gefährdeten. Die eidgenössischen Orte überwanden diese Wachstums- und Identitätskrise des Bundes und entfalteten – gestärkt und geläutert durch die schweren Belastungen – in dieser Periode auch ein nationales Bewußtsein. Obwohl die einzelnen Orte durchaus souverän waren, setzte sich die Idee eines gemeinsamen politischen Raumes durch. Es gehörte von nun an zur Pflicht jedes einzelnen Ortes, gemäß dem Grundgedanken der Solidarität seinen Beitrag zum Schutz der Eidgenossenschaft vor äußerer Einmischung zu leisten.

Das 1936 erbaute ***Bundesbriefarchiv in Schwyz*** *zeigt in seinem Ausstellungssaal die Bundesbriefe der alten Eidgenossenschaft, angefangen vom Bundesbrief von 1291 bis zur Aufnahme Appenzells in den Bund der Eidgenossen 1513. Die Freiheitsbriefe und die Landes- und Kriegsfahnen des Standes Schwyz ergänzen die historisch und staatspolitisch bedeutende Sammlung.*

Orte und Sehenswürdigkeiten der Innerschweiz

Allweg NW

St. Magnus-Kapelle
Die 1671 erbaute Kapelle wurde nach der Kriegszerstörung 1805–1808 wieder aufgebaut. Zusammen mit dem nahe gelegenen Gasthaus bildet sie eine eindrückliche Gebäudegruppe.

Alpnach OW

Pfarrkirche St. Maria Magdalena*
Dieser bedeutende klassizistische Bau wurde 1812–1820 von Jost Kopp über einem kreuzförmigen Grundriß errichtet.

Altdorf UR

Pfarrkirche St. Martin**
Das 1800–1810 von Josef Rey nach dem Brand von 1799 auf z. T. über 1000-jährigen Fundamenten wiederaufgebaute einschiffige Gotteshaus mit zwei querschiffartigen Seitenkapellen besitzt noch die imposante klassizistische Ausstattung.

St. Anna-Kapelle*
Die neben der Pfarrkirche St. Martin gelegene zweigeschossige spätgotische Beinhauskapelle wurde 1596 erbaut und 1965/66 stilvoll renoviert.

Kapuzinerkloster
Das 1581 gegründete, 1585 geweihte und 1804–1807 wiederaufgebaute Kapuzinerklo-

ster war das erste dieses Ordens im deutschen Sprachraum. Der Mailänder Kardinal Karl Borromäus wollte durch die Verbreitung des Kapuzinerordens nördlich der Alpen die gegenreformatorische Bewegung stärken.

Kapuzinerinnenkloster St. Karl
Das 1608 gegründete und nach seiner Zerstörung 1676 nach Altdorf verlegte Kapuzinerinnenkloster St. Karl blieb als eines der wenigen Gebäude von der 1799 durch Föhnsturm verbreiteten Feuersbrunst verschont.

Kapelle Unteres Heiligkreuz
Dieser Barockbau mit Zwiebeltürmchen wurde zur Pestzeit um 1629 als Votivkapelle erbaut und dem heiligen Jakobus dem Älteren geweiht.

Rathaus*
Das 1805–1806 von Niklaus Purtschert aus Luzern im klassizistischen Stil erbaute Rathaus beherbergt eine reiche Sammlung alter Urner Landes- und Schlachtenbanner.

Historisches Museum * *
Das Historische Museum befindet sich in einem neugotischen Bau von 1906 an der Gotthardstraße und enthält u.a. Holzplastiken, Bilder, Uhren, Möbel, Waffen, Textilien und Dokumente zur Volkskunde.

Turm mit Telldenkmal * *
An der Nordwestseite des mittelalterlichen Wohnturms auf dem Hauptplatz wurde 1895 unter großer Anteilnahme der Bevölkerung

das 7 Meter hohe Telldenkmal des Zürcher Bildhauers Richard Kißling aufgestellt. Den stimmungsvollen Hintergrund für die von Bürglen nach Altdorf niedersteigenden Figuren bildet ein Fresko mit Darstellung der Schächentaler Landschaft.
Die frühere Tell-Statue aus dem Jahre 1786 fand 1891 ihren endgültigen Standort am Kirchplatz im benachbarten Bürglen.

Tellspielhaus*

1899, 4 Jahre nach der Enthüllung des Telldenkmals, wurden die seither regelmäßig stattfindenden Tellspiele in Altdorf eröffnet. Das heutige Tellspielhaus wurde im Jahre 1925 mit einer neuen Inszenierung von Schillers Wilhelm Tell festlich eingeweiht.

Fremdenspital

Das 1437 gestiftete, 1551 erneuerte und 1803 wiederaufgebaute Spital stand jahrhun-

---

73 Türmli mit Telldenkmal in Altdorf
74 Kapuzinerkloster Altdorf
Fremdenspital Altdorf
75 Rathaus des Kantons Uri in Altdorf
Historisches Museum Altdorf
76 Wohnturm Schweinsberg in Attinghausen
77 Beromünster mit Pfarrkirche St. Stefan und Chorherrenstift St. Michael
Altes Schloß der Edlen von Buonas
78/79 Benediktinerabtei mit Stiftskirche Einsiedeln
80 Schwurfinger von Witschi in Flüelen, mit Ober- und Niederbauen

kley

Hauger

dertelang Armen und Kranken und ebenso den über den Gotthardpaß reisenden Fremden offen.

Ankenwaage
An der Stelle einer seit dem 16. Jh. bezeugten öffentlichen Waage für Butter und Salz steht seit 1824 dieser Biedermeierbau.

Hexenturm
An der Rückseite der Ankenwaage eingebaut ist der mittelalterliche Hexenturm (14. Jh.), in dem ursprünglich das Gefängnis untergebracht war.

Zeughaus
1804 als Sust erbaut. 1856 Umbau zur Kaserne. Seit 1906 Zeughaus. Wandbilder des Urner Malers Franz Fedier aus dem Jahre 1954. Restauriert 1973.

Suworow-Haus
Das 1550 erbaute spätgotische Haus, das älteste bezeugte in Altdorf, verdankt seinen Namen dem russischen General Alexander Suworow, der 1799 hier Quartier nahm, nachdem sich seine Truppen trotz erbitterter Gegenwehr der Franzosen den Durchgang durch die Schöllenenschlucht erkämpft hatten. Es ist das älteste typische Bürgerhaus in Uri (renovationsbedürftig).

Haus im Eselmätteli *
Das im 17. Jh. erbaute freistehende Haus im Eselmätteli (heute Verwaltungsgebäude des EW) wurde nach 1764 umgebaut und im Ro-

kokostil neu ausgestattet. Es gilt als der feudalste Bürgersitz in Altdorf.

Haus von Roll
1562 für Ritter Walter von Roll erbaut und nach dem Brand von 1799 im Jahre 1823 wiederaufgebaut, beherbergt dieser klassizistische Bau heute die Urner Kantonspolizei.

Altendorf SZ

Kapelle St. Johann**
Auf der Anhöhe über dem Dorf liegt an der Stelle der 1350 zerstörten Burg Alt-Rapperswil, Stammsitz der Grafen von Rapperswil, die 1476 geweihte Kapelle St. Johann mit wertvoller gotischer Ausstattung.

Amsteg UR

Burgruine Zwing-Uri**
Der aus Schillers «Tell» bekannte Burgturm soll am Ende des 13. Jh. von Landvogt Gessler erbaut, jedoch vor seiner Vollendung zerstört worden sein. Die archäologische Untersuchung der Burg schließt allerdings eine Preisgabe vor dem beginnenden 14. Jh. aus.

Andermatt UR

Pfarrkirche St. Peter und Paul*
Die 1601–1609 erbaute und 1696 umgebaute reiche Barockkirche St. Peter und Paul ersetzte die älteste Pfarrkirche des Tals, die Kirche St. Kolumban aus dem 11./13. Jh.

Kirche St. Kolumban**
Der spätromanische Bau des 13. Jh. geht wahrscheinlich auf eine Gründung aus karolingischer Zeit zurück und wird heute von einem rechteckigen Chor aus spätgotischer Zeit abgeschlossen. Turm aus dem 11. Jh.

Kapelle Maria-Hilf *

Die 1739–1742 in barockem Stil erbaute Wallfahrtskapelle ist dank ihrer erhöhten Lage von weither sichtbar.

Rathaus

Der Steinbau wurde nach einem Dorfbrand 1767 unter Wiederverwendung älterer Teile aus dem 16. Jh. errichtet und beherbergt die Verwaltung der Korporation Urseren.

Schönbächlerhaus

Das 1786 im Rokokostil erbaute Haus war 1799 Quartier des Generals Suworow.

Arth SZ

Pfarrkirche St. Georg und Zeno * *

Als eine der ersten und imposantesten Barockkirchen der Innerschweiz ist die Pfarrkirche 1695–1696 auf einem Vorgängerbau des 14. Jh. entstanden. Die Stukkaturen und Altäre stammen aus der Bauzeit.

Kapelle St. Georg *

Die heutige Friedhofkapelle wurde 1652 bis 1654 an der Stelle der ältesten Pfarrkirche des Ortes erbaut.

Kapuzinerkloster

An Stelle der 1290 erwähnten Kapelle St. Zeno, die bis 1312 eine der beiden alten Pfarrkirchen war, wurde nach der Berufung der Kapuziner 1655–1667 das heutige Kloster erbaut.

Attinghausen UR

Pfarrkirche St. Andreas *

Der romanische Kernbau wurde in spätgotischer Zeit verändert und 1755 von Johann Jakob Mosbrugger barock umgebaut.

Burgruine Attinghausen * *
Auf einer um 1100 errichteten Vorläuferanlage erbauten die Freiherren von Attinghausen im 13. Jh. eine kompakte, ursprünglich unerhört trutzig abweisende Burg von bedeutenden Ausmaßen. Sie zerfiel nach dem jähen Sturz dieses mächtigen, an der Gründung der Eidgenossenschaft maßgeblich beteiligten Adelsgeschlechts etwa im Jahre 1358.

Wohnturm Schweinsberg
Der weithin sichtbare mittelalterliche Wohnturm wurde vielleicht ebenfalls für die Freiherrn von Attinghausen im 14. Jh., oder von diesen für ihre Vasallen von Beroldingen erbaut. Der bestehende, hölzerne Oberbau ist dendrochronologisch datiert auf 1482/1485.

Baar ZG

Pfarrkirche St. Martin *
Die Kirche ist im 14. Jh. auf den Fundamenten einer frühmittelalterlichen Anlage entstanden und 1771–1777 barockisiert worden.

Bauen UR

Pfarrkirche St. Idda
Der klassizistische Bau mit Kuppelturm wurde 1808–1812 von Bruder Jakob Nater von Einsiedeln erbaut.

Zwyssig-Denkmal * *
Das Denkmal erinnert an den aus Bauen stammenden Komponisten des Schweizer-

psalms, der heutigen Nationalhymne, Pater Alberik Zwyssig (1808–1854). Es ist von schönen alten Bürgerhäusern umgeben.

Beckenried NW

Pfarrkirche St. Heinrich *

Der Luzerner Baumeister Niklaus Purtschert hat die Kirche 1790–1807 in spätbarocken Formen errichtet, die schon den kommenden Klassizismus erahnen lassen. Als Grundriß übernahm der Architekt das von Jakob Singer entwickelte einfache Landkirchenschema.

Ridlikapelle

Auf einem kleinen Hügel an der alten Landstraße nach Buochs erhebt sich die Kapelle Unserer Lieben Frau zum Ridli, die im Innern eine qualitätvolle barocke Ausstattung aus der Bauzeit von 1701 birgt.

Beromünster LU

Chorherrenstift St. Michael * *

Einer ersten frühmittelalterlichen Anlage, wohl die Gründung des Grafen Bero, folgte eine zweite im Zusammenhang mit der von Ulrich von Lenzburg 1036 vorgenommenen Neustiftung. Diese frühromanische Basilika mit einem durch drei Apsiden geschlossenen Querschiff samt Krypta mag ins 10./11. Jh. zurückgehen. Noch heute prägt diese zweite Anlage in Grundriß und Volumen die Architektur der Stiftskirche.

Nach Bränden wurde im 13./14. Jh. das Kircheninnere vollständig erneuert, ebenso nach den Bränden 1450–1470. Der Einbau des Turmes reicht ins Spätmittelalter zurück. Um 1600–1633 kam erneut ein Umbau zu-

stande, der noch ganz von der Gotik geprägt war. Chor, Vorchor (heutiges Chorgestühl) erhielten die heute vorhandene Gestalt. 1692–1706 wurden die Fassadenmauern in der heute erhaltenen Architektur gestaltet, das Frontispiz vor die Westmauer gestellt, die Kuppel und der heutige Turmhelm aufgesetzt. Die Neugestaltung von 1773–1775 betraf die barocke Stuckdekoration im Innern, und die Restaurierungen von 1882, 1900/01 und 1985–1987 änderten an der älteren Konzeption kaum etwas.
Der Kirchenschatz umfaßt Werke von europäischer Bedeutung.

Pfarrkirche St. Stefan *
An Stelle einer 1036 genannten Vorgängerkirche wurde sie 1623 erbaut und 1757 in Rokokoform umgestaltet.

Brunnen SZ

Bundeskapelle *
Als Stiftung des Landammanns Heinrich Reding wurde die sog. Bundeskapelle 1632–1635 mit einer barockgegliederten Fassade und einer toskanischen Säulenvorhalle erbaut. Hervorragendes Hochaltarbild von Justus von Egmont, 1642.

Buochs NW

Pfarrkirche St. Martin
An Stelle einer schon im 10. Jh. belegbaren Kirche steht das heutige Gotteshaus, das Niklaus Purtschert in den Jahren 1802–1807 erbaut hat. Als Grundriß verwendet der Architekt das lateinische Kreuz. Im Innern finden sich gute spätbarocke und klassizistische Altäre.

Wyrschdenkmal
1948 wurde dieses von Bildhauer Hans von Matt geschaffene Denkmal zur Erinnerung an den von französischen Soldaten 1798 ermordeten Maler Johann Melchior Wyrsch aufgestellt.

Loretokapelle *
Auf dem Ennerberg liegt die 1713 von Landammann Johann Jakob Achermann aus Dankbarkeit für seinen bei Sins über die bernischen Truppen erforchtenen Sieg erbaute Kapelle. Bemerkenswert ist auch das nahe bei der Kapelle gelegene Herrenhaus, das nach Plänen von Niklaus Purtschert 1803 gebaut wurde.

Buonas ZG

Altes Schloß *
Ursprünglich Sitz der Edlen von Buonas, die das Schloß vermutlich im 11. Jh. als Ministerialen der Lenzburger Grafen erbauten, wird die heutige Gestalt durch den 1494–1498 erfolgten Wiederaufbau nach einem Brand bestimmt.

Bürglen UR

Tellmuseum (Wattigwylerturm) * *
In Bürglen, dem Geburtsort Wilhelm Tells, ist seit 1966 im renovierten Wattigwylerturm das Tellmuseum beheimatet. Es zeigt, was Geschichtsforschung, Volkskunde und die verschiedenen Kunstarten zu Ehren Tells geschaffen haben. Das Museumsgut umfaßt über 2000 Ausstellungs- und Archivstücke.

Tellskapelle * *
Die Tellskapelle von Bürglen steht seit 1582

in baulich unveränderter Struktur an der Stelle des Wilhelm Tell zugeschriebenen Wohnhauses. Bei der Erneuerung von 1758 wurde das ursprünglich eher gotisierende Kirchlein in eine Barockkapelle mit reicher Rokokostruktur umgewandelt. 1949 wurden die Freskenbilder aus der Entstehungszeit der Kapelle entdeckt und wieder hergestellt.

Kirche St. Peter und Paul *

Der imposante 1682–1685 erstellte frühbarocke Bau steht an der Stelle einer romanischen Kirche, von welcher der Unterbau des Turmes und die achtseitige Krypta erhalten sind. Entwerfer und Erbauer der prächtigen Pfarrkirche ist der damalige kunstsinnige Bürgler Pfarrherr Johann Jakob Scolar.

Ölbergkapelle

Die 1693 erbaute Kapelle sowie das Beinhaus im Friedhof stammen ebenfalls von Pfarrer Johann Jakob Scolar.

Loretokapelle *

Im reizvollen Bau von 1661 bestehen noch Wandmalereien mit dem Wohnhaus der heiligen Familie in Loreto.

Haus Spielmatt

Dieser prächtige Holzbau wurde 1609 für den in französischen und venezianischen Diensten reich gewordenen Landammann Peter Gisler erbaut.

Wallfahrtskapelle im Riedertal * *

Diese bereits vor 1535 bestehende Kapelle

wurde mehrmals erweitert unter Beibehaltung des spätgotischen Chores mit Wandmalereien.

Cham ZG

Pfarrkirche St. Jakob *

Der bedeutende Spätbarockbau aus der Zeit von 1783–1794 besitzt einen spätgotischen Turm der älteren Kirche von 1493.

Schloß und Kapelle St. Andreas *

Die erstmals 1292 erwähnte Burg auf einer Landzunge am Zugersee hat mehrere Erweiterungen und Umbauten erfahren. Auf den Resten eines frühmittelalterlichen Vorgängerbaus wurde die nahegelegene Kapelle 1488/89 im spätgotischen Stil erbaut und 1675 barockisiert.

Dallenwil NW

Pfarrkirche St. Laurentius *

Johann Jakob Scolar ist der Architekt des schönen Barockbaus, der 1697–1699 erstellt wurde. Er wurde im Innern durch die Brüder Giacomo und Pietro Neurone ausstuckiert. Die Deckengemälde stammen von Francesco Antonio Giorgioli.

Egg SZ

Kapelle St. Meinrad auf dem Etzel *

Die nach Plänen von Bruder Caspar Mosbrugger 1697/98 ganz aus Sandsteinquadern mit einer originellen Kuppel gebaute Kapelle verfügt über reiche Barockstukkaturen und Deckenbildern mit Szenen aus dem Leben des hl. Meinrad.

Tüfelsbrugg

Die 1101–1122 über die Sihl erstellte gedeckte Zweibogenbrücke wurde mehrmals erneuert, zuletzt durch Bruder Caspar Mosbrugger.

Einsiedeln SZ

Benediktinerabtei mit Stiftskirche und Klosterplatz * *

Die grandiose Klosteranlage mit großzügiger Vorplatzgestaltung und durch die Brüder Asam aus München hervorragend ausgestatteter Wallfahrtskirche, mit der Marienkapelle im Zentrum, stellt eines der Hauptwerke der abendländischen Barockarchitektur dar. Seit der 934 erfolgten Klostergründung ist die Anlage mehrmals niedergebrannt und in der heutigen Barockform zwischen 1674–1735 nach Plänen Bruder Caspar Mosbruggers entstanden.

Gangulfkapelle

In der im 11. Jh. erbauten Kapelle auf dem Brüel befindet sich die Grabstätte für Linus Birchler (1893–1967), dem großen Förderer der schweizerischen Kunst- und Denkmalpflege.

Engelberg OW

Benediktinerabtei * *

Das traditionsreiche Benediktinerkloster mit geräumiger Barockkirche, außergewöhnlichem Kirchenschatz und Bibliothek, wurde 1120 gestiftet und nach einem großen Brand 1730–1737 nach Plänen von Bruder Caspar Mosbrugger neuerbaut.

Ennetbürgen NW

Pfarrkirche St. Anton

Anton Hanauer schuf die Pläne für das neugotische Bauwerk, das zwischen 1892–1894 ausgeführt wurden.

Kapelle St. Jost *
Die Wallfahrtskapelle am Südhang des Bürgenstocks geht bis ins 14. Jh. zurück. Sie birgt im Innern spätgotische Wandmalereien und drei spätbarocke Stuckaltäre des einheimischen Künstlers Kaspar Josef Waser.

Erstfeld UR

Jagdmattkapelle *
Die etwas außerhalb des Ortes am Ufer der Reuß gelegene, erstmals 1339 erwähnte Urner Wallfahrtskapelle wurde zur Erinnerung an ein wundersames Ereignis während einer Jagd 1637/38 im frühbarocken Stil neuerbaut.

Pfarrkirche St. Ambrosius
Die heutige Pfarrkirche wurde 1870 von Ingenieur Isidor Suter erbaut und 1872 von Weihbischof Willi in Chur geweiht. Dem weiten Raum nehmen Gemälde von Deschwanden etwas von seiner Nüchternheit. Die Untergeschosse des Turmes sind romanisch.

Eschenbach LU

Zisterzienserinnenkloster *
Auf ihrem Hof Ober-Eschenbach gründeten die Freiherren von Eschenbach zu Beginn des 12. Jh. eine Kirche. Hierher verlegten sie 1309 auch das von ihnen 1292 bei St. Katharinen an der Reuß (Gde. Inwil) gestiftete Augustinerinnenkloster. 1578 wurde das Kloster neu aufgebaut. 1910 wurde die heutige Klosterkirche im neubarocken Stil erbaut. 1585 traten die Schwestern von Eschenbach zur Zisterzienserregel über. Das Kloster ist sehr reich an kostbaren Kultus- und Kunstgegenständen.

Flüelen UR

Pfarrkirche St. Georg und Niklaus
Die 1665/66 erbaute alte Pfarrkirche mit Rokokostukkaturen wurde in neuerer Zeit restauriert und dient heute profanen, vorab kulturellen Zwecken.

Schlößchen Rudenz *
Der mittelalterliche Wohnturm aus dem 14. Jh., der im 19. Jh. zu einem Wohnhaus ausgebaut wurde, diente ursprünglich den Attinghausen als Zollstätte.

Flüeli-Ranft OW

Kapelle St. Karl Borromäus
In malerischer Lage über dem Sarnersee wurde 1614–1618 der vorbarocke Bau erstellt zur Erinnerung an Bruder Klausens Fürbitte, die nach einer Legende das brennende Sarnen gelöscht haben soll.

Geburtshaus des hl. Niklaus von Flüe * *
Am Fuße des Kapellenhügels liegt das traditionsgemäß als Geburtshaus des 1947 heiliggesprochenen Bruders Niklaus von Flüe (1417–1487) bezeichnete Wohnhaus. Nach neuesten Untersuchungen wurde das Vorderhaus allerdings erst 1522, also nach dem Tode des Heiligen, erbaut.

Wohnhaus des hl. Niklaus von Flüe * *
Dieses typische Obwaldner Bauernhaus wurde für Bruder Klaus erbaut und von seinen Nachfahren bis ins 19. Jh. bewohnt. 1945 stark renoviert. Große Teile des Hauses sind mit altem Holz neu gemacht worden. Originale Wandteile datieren aus den Jahren 1440–1450.

Obere Kapelle mit Eremitenklause * *
An die 1468 für Bruder Klaus erbaute heutige Wallfahrtskapelle, die nach einem Erdbeben 1693–1701 erneuert wurde, ist die im ursprünglichen Zustand erhaltene Eremitenzelle angebaut.

Untere Bruderklausenkapelle *
Die reiche Ausstattung der 1501–1504 erstellten spätgotischen Anlage zeugt von der großen Verehrung, die dem Friedensstifter Niklaus von Flüe entgegengebracht wurde.

Frauenthal ZG

Zisterzienserinnenkloster * *
Die vierflügelige geschlossene Klosteranlage wurde 1231 gegründet und entsprechend den Ordensvorschriften in abgeschiedener Lage in einer Schleife der Lorze gebaut. Nach mehrfachen Zerstörungen entstand sie im 18. Jh. erneut aus den Trümmern. Die Mauern der sehenswerten Kirche stammen noch aus der gotischen Zeit.

Freienbach SZ

Pfarrkirche St. Aldarich *
Eine erste Kapelle wurde 1150 geweiht und nach der Loslösung von der Mutterkirche St. Peter und Paul auf der Ufenau 1308 zur Pfarrkirche erhoben. Der barocke Neubau von 1672–1674 wurde mehrmals erweitert und umgebaut.

Galgenen SZ

Pfarrkirche St. Martin *
Der originelle Bau in strenger klassizistischer Formensprache wurde 1822–1826 nach Plänen von Hans Konrad Stadler erstellt. Hervorragende Ausstattung aus der gleichen Zeit.

Kapelle St. Jost * *
Der 1398 geweihte gotische Bau wurde 1622/23 reizvoll umgebaut; damals entstanden die Wandmalereien. Bedeutend sind auch die beiden spätgotischen Altarretabel.

Gelfingen LU

Schloß Heidegg *
Die Feste Heidegg soll vor 1007 als Dienstmannenburg erbaut worden sein. Der erste Heidegger, Heinrich, wird 1185 urkundlich erwähnt. Um 1600 setzte die Umgestaltung von der kahlen, trutzigen Burg zum barocken Landschloß ein. Später wurde die St.-Karl-Borromäus-Kapelle der Anlage einverleibt. Aus der Zeit um 1765 stammt der Rokokoaltar. Heute gehört die ganze Schloßanlage dem Kanton Luzern. Museum mit Waffensammlung, Festsaal und kostbaren Möbeln des 17. und 18. Jh. Große Beachtung findet der barocke Rosengarten. Die Schloßanlage ist mit einem stattlichen Rebberg umgeben.

Gersau SZ

Pfarrkirche St. Marcellus *
Die klassizistische Anlage wurde 1807–1812 nach Plänen von Bruder Jakob Nater erbaut und mit beachtenswerten Stukkaturen und Altären ausgestattet.

Kindlimordkapelle
Die 1708 erbaute Kapelle liegt oberhalb eines 1576 errichteten Sühnebaus auf einem Felsvorsprung über dem See.

Gerbe
Das 1577 erbaute Holzhaus Gerbe zählt zu den gut erhaltenen Blockhäusern des Ortes.

Göschenen UR (Schöllenen)

Alte Zollbrücke
Neben der Steinbogenbrücke über die Göschener Reuß bestand ursprünglich ein Torturm, bei dem bis ins 18. Jh. Brückenzoll erhoben wurde.

Häderlisbrücke
Unterhalb der Schöllenenschlucht ist die anfangs des 16. Jh. erbaute Häderlisbrücke durch das Unwetter vom Sommer 1987 zerstört worden. Ihre Rekonstruktion ist vorgesehen.

Teufelsbrücke * *
Die älteste Teufelsbrücke datiert von ca. 1218. Heute ist noch die Brücke von 1830 von Ing. Karl Emanuel Müller aus Uri sichtbar, darüber wölbt sich die neue Teufelsbrükke von 1956 von August Knobel / Hugo Scherer. Wandfresko (1956) von Heinrich Danioth.

Grafenort OW

Kapelle Hl. Kreuz *
Der schöne Barockbau ist 1689 wohl unter Einfluß Caspar Mosbruggers entstanden.

Herrenhaus *
Der gegenüber der Kapelle gelegene Barockbau von 1689 / 90 war ursprünglich Sommersitz der Äbte von Engelberg.

Hergiswald LU

Wallfahrtskirche Maria Loreto * *
Anstelle der Einsiedelei von Bruder Hans Wagner wurde 1504 eine kleine Kapelle mit Eremitenwohnung geweiht. Diese erste Anlage wurde 1621 durch eine größere Kapelle er-

setzt und erhielt 1648 eine Erweiterung durch den Anbau der noch immer in der Kirche stehenden Loretokapelle. Der heutige Kirchenbau enstand 1651–1662. Während das Äußere eher schlicht gehalten ist, wird der Besucher von der großartigen ländlich-barocken Innenausstattung tief beeindruckt.

Hergiswil NW

Pfarrkirche St. Nikolaus
Die dem Münchner Rundbogenstil verpflichtete Kirche wurde vom Architekten Johann Meyer 1856–1858 gebaut.

Hitzkirch LU

Pfarrkirche St. Pankratius *
Die älteste, 1080 genannte Kirche diente als Pfarrkirche des Städtchens Richensee. Vor 1237 ging sie mitsamt dem Hof Hitzkirch in den Besitz des Deutschen Ritterordens über. Der Kirchenbau geht auf 1679/80 zurück.

---

97 Romanischer Kirchturm der Pfarrkirche Stans
98 Geburtshaus des hl. Niklaus von Flüe (15. Jh.) in Flüeli
Fackelprozession der Schweizer Jugend zum Heiligen im Ranft
99 Inneres der Wallfahrtskirche St. Theodul in Sachseln
100 Dorfplatz Sarnen mit Rathaus und Burghügel Landenberg
Pfarrkirche St. Peter ob Sarnen
101 Die Altstadt von Luzern mit Blick auf die Rigi
102 Rathaus Luzern
Zunfthaus zur Pfistern in Luzern
103 Raddampfer «Stadt Luzern»
Herrenkeller Luzern
104 Wasserturm mit Kapellbrücke Luzern

RESTAURANT

Zunfthaus zu Pfistern

Ehemalige Deutschordenskommende *
Bis ins 18. Jh. bildete die um 1236 gegründete Ordenskommende eine feste Wehranlage. 1744–1754 errichteten die berühmten Baumeister Bagnato zwei Gebäudeflügel neu. Der Neubau des älteren Flügels wurde 1780–1786 erstellt. 1792 erfolgte die Neueinrichtung der Wohnung des Landvogtes. 1806 Aufhebung der Kommende. Nach zeitweiligem Gebrauch der Gebäude als Spital ist seit 1868 im Kommendegebäude das Luzerner Kantonale Lehrerseminar untergebracht.

Hohenrain LU

Ehemalige Johanniterkommende
Die erste Erwähnung ist vor 1183 anzusetzen. Die ältesten Teile des Johanniterhauses gehen ins frühe 14. Jh. zurück. Ein Kirchenneubau ist aus dem Jahre 1731 bekannt. Gelegentlich diente der Turm als Gefängnis. Nach 1803 nahm der Staat Luzern die Komturei in Besitz, sie diente als Amtshaus, später wurde ein Heim für Taubstumme eingerichtet.

Hospenthal UR

Kirche Maria Himmelfahrt *
Der 1705–1711 vom bedeutenden einheimischen Architekten Bartholomäus Schmid errichtete Barockbau enthält drei prächtige Altäre des Walliser Altarbauers Jodok Ritz.

Kapelle und Pfrundhaus St. Karl
Die 1719 von Bartholomäus Schmid erstellte malerische Baugruppe nimmt die Blendbogengliederung der Kirche wieder auf.

Hünenberg ZG

Burgruine *
Der ehemalige Stammsitz der Ritter von Hü-

nenberg wurde nach dem Sempacherkrieg 1386 zerstört.

Ingenbohl SZ

Pfarrkirche St. Leonhard *
Ein Frühbarockbau von 1656–1661 mit frühklassizistischen Altären, qualitätvollen Stukkaturen von Klotz und Scharpf und gleichzeitigen Deckenbildern von Josef Ignaz Weiss.

Kerns OW

Pfarrkirche St. Gallus
Anstelle eines Gründungsbaus aus dem 11. Jh. und Nachfolgebauten wurde die Kirche 1761 errichtet und nach einem Brand 1813 im Barockstil mit klassizistischen Einzelformen wieder hergestellt. Der Hochaltar stammt von Bruder Caspar Mosbrugger.

Steinhaus
Das in der ersten Hälfte des 16. Jh. erbaute Steinhaus mit reichen Fensterumrahmungen gilt als eines der ältesten Wohngebäude aus Stein im Kanton.

Kapelle St. Katharina Wisserlen
Der originelle Barockbau aus dem Jahre 1641 liegt in der Nähe eines ehemaligen Richtplatzes und ist der Galgenheiligen St. Katharina geweiht.

Kirchbühl LU

Kirche St. Martin * *
Die malerisch auf einer Hügelkuppe über dem See gelegene Mutterkirche von Sempach wurde um 1000 über den Fundamenten einer römischen Villa, eines frühmittelalterlichen Meierturms und einer karolingischen Kirche errichtet. Beachtenswert ist der

umfangreichste und älteste Freskenzyklus des Kantons im romanischen Schiff und im gotischen Chor.

Küßnacht SZ

Tellskapelle und Hohle Gasse * *
Die Tellskapelle in der Hohlen Gasse zwischen Immensee und Küßnacht am Rigi wurde in ihrer heutigen Gestalt im Jahre 1638 vollendet.
Die Hohle Gasse, vor Jahrzehnten noch eine fahrbare Straße, wurde 1937/38 durch Spenden der Schweizer Jugend wieder in einen gepflasterten Hohlweg zurückverwandelt.

Geßlerburg *
Auf einer bewaldeten Hügelkuppe östlich des Dorfes befindet sich die Ruine einer der mächtigsten, erstmals 1263 erwähnten Burganlagen der Urschweiz.

Telldenkmal
Die Bronzeplastik von Tell steht seit 1959 auf dem Kirchplatz.

Rathaus
Als Pfarrhaus 1728 begonnen und erst Ende des 18. Jh. als Rathaus vollendet, verfügt der Rechteckbau mit dem Mansardendach im Innern über beachtenswerte Régence-Stuckdecken.

Museum
Das Heimatmuseum bei der Pfarrkirche St. Peter und Paul verfügt über eine historische Sammlung und kirchliche Kunst.

Gasthaus Engel

Der vordere Hausteil mit breiter Fachwerkfassade gegen den Hauptplatz stammt aus dem Jahre 1552. Der ältere, hintere Hausteil soll in seiner Ratsstube bereits eine Tagsatzung von 1424 und weitere Tagungen der Waldstätte und Zugs im 15.–18. Jh. beherbergt haben. Das heutige Aussehen ist ein Produkt des Historismus.

Lachen SZ

Pfarrkirche zum Hl. Kreuz * *

Der bedeutende Barockbau mit seiner wertvollen Ausstattung ist 1707–1710 vermutlich nach Plänen von Bruder Caspar Mosbrugger entstanden.

Wallfahrtskapelle im Ried *

Östlich des Dorfkerns steht die 1679–1684 zur Aufbewahrung eines in der Reformationszeit aus dem See geretteten Gnadenbildes erbaute Kapelle mit einem originellen Wallfahrtshof.

Luzern

Stadtanlage * *

Obwohl eine klösterliche Gründung, entwikkelte sich die Stadt nicht um den Stiftsbezirk herum, sondern entstand beidseits der 1168 erstmals erwähnten Reußbrücke. Die mittelalterliche Stadt bestand aus Holzgebäuden, erst im Verlauf des 16./17. Jh. wurden Bauten aus Stein allgemein üblich. Vom inneren Befestigungsgürtel der «Großstadt» auf dem Nordufer sind nur der barockisierte Mühlenturm (1314) und ein Rundturm am Haus zur Gilgen erhalten. Der äußere Gürtel, die Museggmauer, auf dem Hügelgrat bildet mit seinen 9 Türmen die Krone des Stadtbildes. Von der Befestigung der linksufrigen «Kleinstadt» sind die Türme an der Jesuitensakristei und am Obergericht erhalten. Zu den besonderen Merkmalen des mittelalterlichen Luzern gehören seine Brücken und die geschlossenen Plätze, als ältester wohl der Weinmarkt.

Hofkirche St. Leodegar und Mauritius * *
Die den Stadtpatronen St. Leodegar und Mauritius gewidmete Pfeilerbasilika auf einer Anhöhe am See, eine der größten und am reichsten ausgestatteten Kirchen der deutschen Spätrenaissance, wurde 1633–1639 auf den Fundamenten des im 8. Jh. gegründeten Benediktinerklosters und einer 1633 abgebrannten romanischen Pfeilerbasilika neuerbaut unter Einbezug der vom Feuer verschonten spätgotischen Westtürme. Der Uhrengiebel anstelle des ursprünglichen Pultdaches datiert von 1788. Beachtenswert ist der reiche Stiftsschatz. Der Kirchhof ist von einem 1639–1641 vollendeten Arkadengang mit toskanischen Säulen umschlossen.

Propstei
Hinter einem Gartenportal an der Nordseite des Kirchhofs liegt die 1535 neuerbaute und 1792–1794 von J. Singer in frühklassizistischen Formen neugestaltete Propstei.

Rothenburgerhaus *
Das ehemalige Pfrundhaus am Fuße des Kirchhügels ist ein um 1500 erstellter gotischer Blockbau.

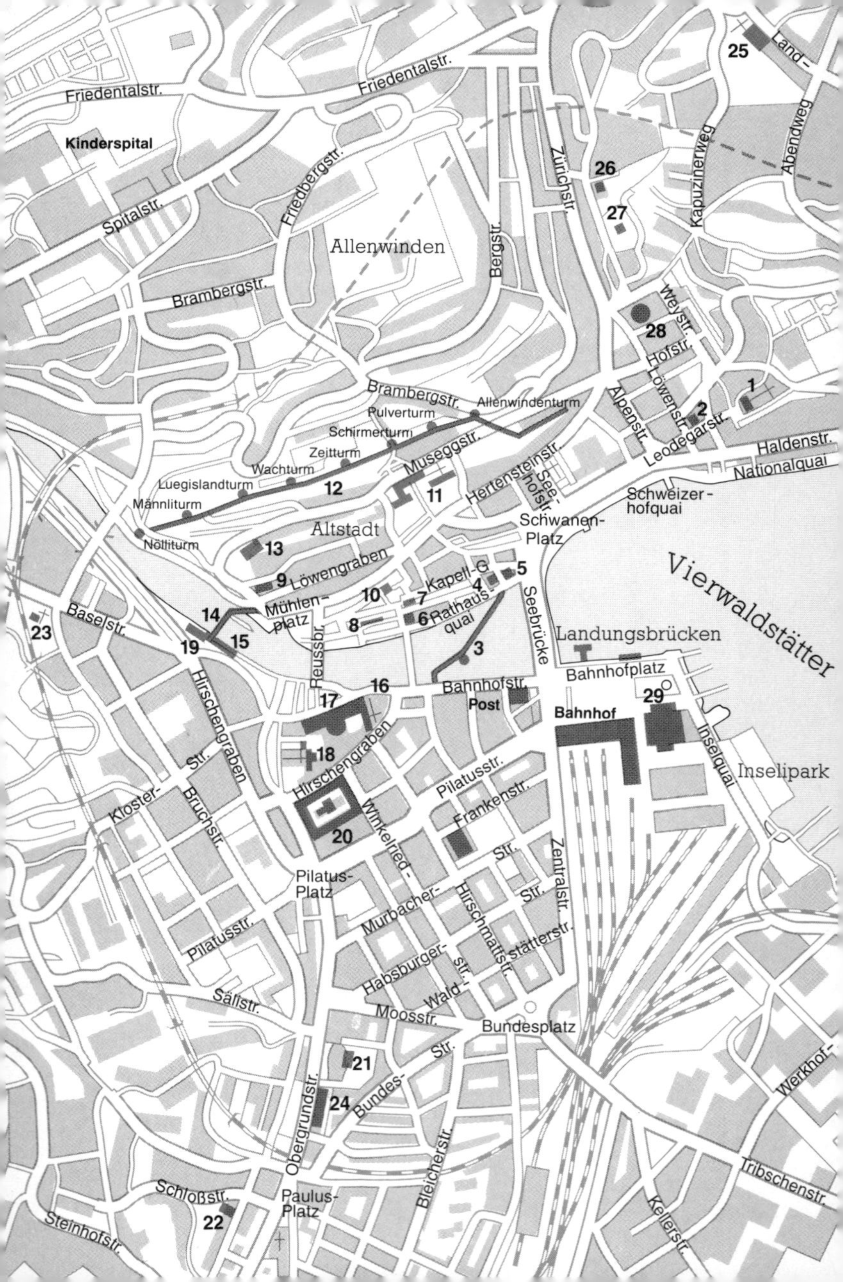
Friedentalstr.
Friedentalstr.
Kinderspital
Spitalstr.
Friedbergstr.
Allenwinden
Bergstr.
Zürichstr.
Kapuzinerweg
Abendweg
Land-
25
26
27
28
Weystr.
Hofstr.
Löwenstr.
Alpenstr.
Leodegarstr.
1
2
Haldenstr.
Nationalquai
Brambergstr.
Brambergstr.
Allenwindenturm
Pulverturm
Schirmerturm
Zeitturm
Wachturm
Luegislandturm
Männliturm
Nölliturm
Museggstr.
Hertensteinstr.
Seehofstr.
Schweizerhofquai
Schwanen-Platz
12
11
13
Altstadt
Löwengraben
9
Kapell-G.
4
5
10
7
Mühlenplatz
Rathausquai
8
6
14
15
19
23
Baselstr.
3
Seebrücke
Vierwaldstätter
Landungsbrücken
Bahnhofplatz
Reussbr.
16
17
Bahnhofstr.
Post
Bahnhof
29
Inselquai
Inselipark
Hirschengraben
Hirschengraben
18
20
Kloster-Str.
Bruchstr.
Winkelried-
Pilatusstr.
Frankenstr.
Zentralstr.
Pilatus-Platz
Murbacher-Str.
Hirschmattstr.
Str.
Pilatusstr.
Habsburger-str.
Wald-stätterstr.
Sälistr.
Moosstr.
Bundesplatz
Bundes-Str.
21
24
Obergrundstr.
Bleicherstr.
Werkhof-
Tribschenstr.
Kellerstr.
Schloßstr.
22
Paulus-Platz
Steinhofstr.

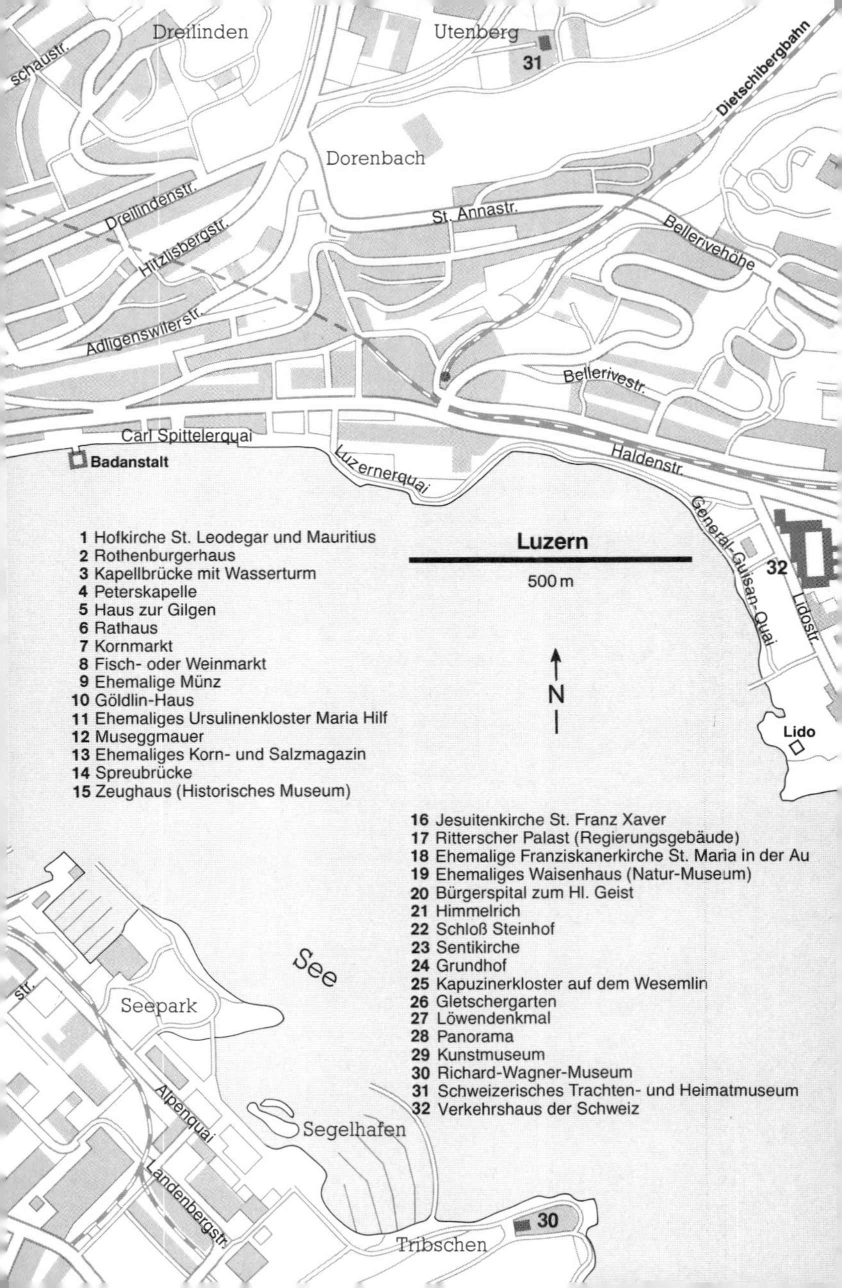
Dreilinden
Utenberg
31
schaustr.
Dietschibergbahn
Dorenbach
Dreilindenstr.
Hitzlisbergstr.
St. Annastr.
Bellerivehöhe
Adligenswilerstr.
Bellerivestr.
Carl Spittelerquai
Badanstalt
Luzernerquai
Haldenstr.
General-Guisan-Quai
32
Lidostr.
Lido
Luzern
500 m
N
1 Hofkirche St. Leodegar und Mauritius
2 Rothenburgerhaus
3 Kapellbrücke mit Wasserturm
4 Peterskapelle
5 Haus zur Gilgen
6 Rathaus
7 Kornmarkt
8 Fisch- oder Weinmarkt
9 Ehemalige Münz
10 Göldlin-Haus
11 Ehemaliges Ursulinenkloster Maria Hilf
12 Museggmauer
13 Ehemaliges Korn- und Salzmagazin
14 Spreubrücke
15 Zeughaus (Historisches Museum)
16 Jesuitenkirche St. Franz Xaver
17 Ritterscher Palast (Regierungsgebäude)
18 Ehemalige Franziskanerkirche St. Maria in der Au
19 Ehemaliges Waisenhaus (Natur-Museum)
20 Bürgerspital zum Hl. Geist
21 Himmelrich
22 Schloß Steinhof
23 Sentikirche
24 Grundhof
25 Kapuzinerkloster auf dem Wesemlin
26 Gletschergarten
27 Löwendenkmal
28 Panorama
29 Kunstmuseum
30 Richard-Wagner-Museum
31 Schweizerisches Trachten- und Heimatmuseum
32 Verkehrshaus der Schweiz
See
str.
Seepark
Alpenquai
Segelhafen
Landenbergstr.
30
Tribschen

Kapellbrücke mit Wasserturm * *

Die um 1300 als Teil der Stadtbefestigung erbaute Brücke ist die älteste, wenn auch wiederholt erneuerte Holzbrücke Europas mit reicher Bildfolge im Dachstuhl. Genannt nach der Peterskapelle, von der aus sie die rechts- und linksufrigen Stadtteile verbindet, ist die Kapellbrücke mit dem gleichzeitig erstellten achteckigen Wasserturm das Wahrzeichen Luzerns.
Der Wasserturm diente neben Verteidigungszwecken als Archiv, Gefängnis und zur Aufbewahrung des Staatsschatzes.

Peterskapelle *

Im Volksmund wird diese älteste Kirche innerhalb der Stadtmauern «Kapellkirche» genannt. Sie wird erstmals 1178 als Kapelle erwähnt.

Haus zur Gilgen

Das nach einem Brand 1507–1510 neuerbaute größte gotische Wohnhaus der Stadt bildete mit seinem Rundturm den ehemaligen Eckturm der inneren Stadtbefestigung. Umbau des Hauses im Jahre 1731.

Rathaus * *

Der 1602–1606 unter Beibehaltung des mittelalterlichen Turms erstellte florentinische Frührenaissancebau gilt als eines der bedeutendsten Rathäuser der Schweiz. Baumeister war Antoni Isenmann. Im Obergeschoß befinden sich eine stattliche Folge von Prunkräumen, vor allem der von Josef Singer 1735 ausgeführte Tagsatzungssaal.

Kornmarkt *
Zu den bedeutendsten Plätzen des alten Luzern gehörte der schon 1361 erwähnte Kornmarktplatz, wo das größte der vier alten Kornhäuser der Stadt stand. Um 1505 wurde ein Wacht- und Beobachtungsturm errichtet und beim zweiten Bau des Rathauses 1618/19 erhöht sowie mit einer Kuppel versehen.

Fisch- oder Weinmarkt *
Einer der wichtigsten Plätze des alten Luzern war der Fisch- oder Weinmarkt, sozusagen der Hauptmarktplatz. Der geräumige Platz wurde zur Aufführung der Oster- und Fasnachtsspiele benutzt. Ihn umsäumten öffentliche Gebäude, wie ältestes Rathaus und Gerichtsschreiberei, sowie die Häuser vornehmer Bürger und der Zünfte.
Beachtenswert ist der 1481 errichtete Weinmarktbrunnen, heute steht eine Kopie anstelle des Originals, das sich im Ritterschen Palast befindet.

Ehemalige Münz
Der würfelförmige Barockbau wurde 1702/03 erbaut und 1783 nach den Plänen Josef Singers im klassizistischen Charakter umgebaut. Sie steht neben dem Mühlentor, dem ältesten Befestigungsteil der Stadt.

Göldlin-Haus *
Das 1524/25 erbaute Haus mit gotischer Fassade und Erkern am Hirschenplatz Nr. 12 besitzt einen malerischen Säulenhof um 1600 nach dem Vorbild des Ritterschen Palastes.

Ehemaliges Ursulinenkloster Maria Hilf
Die 1676–1681 nach Plänen von Heinrich Mayer erbaute Anlage zeichnet sich durch einen für die Gegend fremdartigen vom bayerisch-böhmischen Barock beeinflußten Baustil aus.

Museggmauer * *
Der um 1400 entstandene äußere Ring mit neun Türmen ist mit einer Länge von 870 m eine der besterhaltenen und längsten Wehrmauern der Schweiz. Der Schirmerturm ist als einziger Turm öffentlich zugänglich.

Ehemaliges Korn- und Salzmagazin
(Museggmagazin)
Der gewaltige frühbarocke Nutzbau von 1685/86 dominiert als eines der Wahrzeichen Luzerns am westlichen Musegghang über der Spreuerbrücke.

Spreuerbrücke * *
Die 1300–1310 erbaute und mehrmals erneuerte Spreuerbrücke wird so genannt, weil man nur von hier aus Spreue und Laub in den Fluß werfen durfte.

Zeughaus * *
Der spätgotische Nutzbau von 1567 beherbergt das Luzerner Historische Museum.

Jesuitenkirche St. Franz Xaver * *
Die an der Reuß gelegene Jesuitenkirche wurde 1666–1677 durch erfahrene Baumeister aus dem Bregenzerwald erbaut und bildet das Gegenstück zur Hofkirche. Sie ist

eine der schönsten Barockkirchen in der Innerschweiz.
Mit der Aufhebung des Jesuitenordens ging diese Kirche in den Besitz des Staates Luzern über, der heute noch Eigentümer ist und die Kirche der röm.-kath. Kirchgemeinde Luzern für Gottesdienste zur Verfügung stellt.

Ritterscher Palast (Regierungsgebäude)* *
Im Stil der florentinischen Frührenaissance nach Plänen von Domenico Solbio del Ponte durch Pietro de Grilio und Johannes Lyn 1556–1559 erbaut, dokumentiert dieser Bau mit strenger Rustika-Fassade und toskanischem Säulenhof die engen Beziehungen Luzerns zum Süden. Dieser unvollendete Wohnpalast für Schultheiß Lux Ritter war Vorbild für das Rathaus und für zahlreiche Burgerhäuser (z. B. Göldlinhaus) der Stadt und ging 1577 an die Jesuiten über. Heute ist der Bau kantonales Regierungsgebäude.

Ehemalige Franziskanerkirche St. Maria in der Au * *
Bereits 1223 sollen sich Franziskaner in der Au niedergelassen haben. Das heute noch imposante dreischiffige Kirchengebäude geht in den Anfang des 14. Jh. zurück und erlitt im Verlaufe der Zeit vielfache bauliche Veränderungen. Die kunstvolle Kanzel wurde 1628 erstellt. Ursprünglich waren die Fahnen der Schlachten von Sempach, Grandson etc., später nurmehr Abbildungen im Langhaus zur Schau gestellt. Den Chor schmücken kostbare Chorstühle, 1647 von Kaspar Teufel verfertigt und 1651 von Johann Ulrich Reber

mit Schnitzereien ausgestattet. Beachtenswert sind die Seitenkapellen auf der Frauenseite. Die Mutter-Gottes-Kapelle soll anstelle der früheren Wallfahrtskapelle stehen; die heutige Form dieser Kapelle datiert aus dem Jahr 1626, der Altar aus dem Jahr 1723. Die in einem Achteck errichtete Antonius-Kapelle mit Kuppe und kleiner Laterne, 1434 gestiftet und mehrmals umgebaut, geht in der heutigen Erscheinung auf 1658 zurück. Die reichen Stukkaturen führte 1673 der Tiroler Gipser Michael Schmutzer von Wessobrunn aus.

Ehemaliges Waisenhaus (Natur-Museum)
An der Stelle des ehemaligen St. Jakobsspitals, das zur Aufnahme der Pilger nach St. Jago bestimmt war, ließ der Rat von Luzern von Baumeister Josef Singer 1808–1811 das Waisenhaus ausführen, ein repräsentatives klassizistisches Palais, in dem heute das Natur-Museum untergebracht ist.

Bürgerspital zum Hl. Geist
1654–1660 wurde das Bürgerspital in der Liegenschaft von Junker Jakob Pfyffer nach dem Schema einer barocken Anlage gebaut. Das aus zwei Hauptgebäuden und zwei Höfen bestehende Spital war vorerst Pflegeanstalt für altersschwache und unvermögende Bürger und seit 1830 eine eigentliche Krankenanstalt. Heute dienen diese Gebäude der Stadtpolizei und der städtischen Verwaltung.

Himmelrich
Anstelle des früheren «hölzernen» Himmelrich entstand 1772 der repräsentative Her-

rensitz der Familie Schumacher, wie er sich noch heute dem Betrachter zeigt. 1807 ging dieser Herrensitz an die Familie Bühler über. In seiner äußeren Erscheinung gehört das Himmelrich mit den zwei symmetrisch vorgelagerten Nebengebäuden dem späten Rokoko an. Im südlich gelegenen Pavillon befindet sich eine stimmungsvolle Rokokokapelle.

Schloß Steinhof (Privatbesitz)
Im 16. Jh. stand hier ein bescheidenes Landhaus. Der Bau des heutigen Schlosses Steinhof begann 1759 und endete mit der Innenausstattung 1777. Es ist eines der bedeutendsten Bauwerke Luzerns des 18. Jhs., ein Denkmal der Übergangszeit vom Rokoko zum Louis-XVI-Stil, wie es sich im Äußeren noch heute zeigt.

Sentikirche
Die neue Sentikirche, mehr reußabwärts verlegt, wurde 1659–1662 erbaut: Aus dem Jahre 1723 datiert das Chorgitter, aus dem Jahre 1755 der Choraltar. Der Bau der heutigen anliegenden Gebäude wurde 1817–1819 an die Hand genommen und die Fassaden in schlichtem Empirestil von Josef Singer ausgeführt. Seit dem Spätmittelalter befand sich im Sentigebiet das Spital für die Aussätzigen.

Grundhof * (Privatbesitz)
In den Jahren 1818–1821 wurde der Grundhof als typischer Vertreter des Empirestils erstellt. 1836 wurden die beiden Neubauten, Ställe und Remise, durch Wohnbauten in symmetrischer Anordnung zum Hauptgebäu-

de ersetzt. Damit hatte der Spätklassizismus Eingang gehalten.

Kapuzinerkloster auf dem Wesemlin
Die aus einer Wallfahrtskapelle von 1556 hervorgegangene spätgotische Klosterkirche wurde 1584–1588 erbaut. Die Farbfenster stammen aus der Franziskanerkirche.

Löwendenkmal * *
Das älteste erhaltene figürliche Denkmal der Schweiz wurde 1821 von Lukas Ahorn nach einem Gipsmodell des dänischen Bildhauers Thorwaldsen direkt aus der Felswand eines ehemaligen Steinbruchs gehauen. Es erinnert an den Opfertod der Schweizergarde beim Pariser Tuileriensturm vom 10. August 1792.

Panorama * *
Das unter der Leitung von Edouard Castres entstandene Rundgemälde stellt den Grenzübertritt der Bourbaki-Armee in die Schweiz im Deutsch-Französischen Krieg 1870/71 dar.
Unter den verschiedenen am Werk tätigen Malern befand sich auch Ferdinand Hodler.

Kunstmuseum *
Das im Kunst- und Kongreßhaus eingerichtete Kunstmuseum umfaßt Gemälde und Plastiken der Innerschweiz vom Mittelalter bis zur Neuzeit.

Richard-Wagner-Museum
Das um 1800 klassizistisch umgestaltete mit-

telalterliche Landhaus Tribschen auf einer Landzunge am See diente 1866–1872 Richard Wagner als Wohnsitz. Zum Andenken an den Komponisten ist hier ein Museum mit Originalpartituren und Handschriften des Meisters sowie einer bedeutenden Sammlung von alten Musikinstrumenten eingerichtet.

Schweizerisches Trachten- und Heimatmuseum *

Im 1758 von Jakob Singer erbauten Landsitz Utenberg befindet sich das Trachtenmuseum und das Europäische Handharmonika-Museum.

Verkehrshaus der Schweiz * *

Das 1959 eröffnete und mehrmals erweiterte Verkehrshaus ist das größte Verkehrsmuseum Europas und zeigt die Entwicklung und Bedeutung des Verkehrs zu Wasser, zu Lande und in der Luft. Zum Verkehrshaus der Schweiz gehört das einzige Großplanetarium des Landes sowie das Hans-Erni-Haus mit über 300 Werken dieses international bekannten Künstlers.

Meggen LU

Burgruine Neuhabsburg

Als Erbauer wird Graf Rudolf III., der Schweigsame, von Habsburg-Laufenburg angesprochen, der die Burg zwischen 1240 und 1244 errichten ließ. 1352 wurde sie von den Eidgenossen gebrochen, da man ihre Nähe zur Stadt Luzern als Bedrohung empfand. Auf dem südlichen Teil des Burghügels wurde in den Jahren 1868–1871 ein schloßähnliches

Gebäude im schottisch-neugotischen Stil erbaut, das den Namen Neuhabsburg übernommen hat.

Kirche St. Gallus und Maria Magdalena
Meggen hatte schon früh eine Kirche, wird doch bereits 1226 ein Leutpriester dort genannt. Patrone waren die Heiligen Gallus und Maria Magdalena. Die ältere Kirche lag näher am See; die heutige Kirche wurde auf etwas höher gelegener Stelle an der Straße nach Küßnacht 1772 vom Baumeister Jakob Singer erbaut.

Menzingen ZG

Frauenkloster Gubel *
Die Klosterkirche zur Erinnerung an die siegreiche Schlacht der katholischen Orte gegen die Reformierten (1531) wurde 1556 als Wallfahrtskapelle erbaut. Der Anbau eines Kapuzinerinnenklosters erfolgte 1843–1847.

Morgarten ZG / SZ

Schlachtdenkmal und Schlachtkapelle * *
Auf Zugerboden erinnert das 1906 errichtete Denkmal an die erste Schlacht der Urschweizer gegen Habsburg-Österreich, 1315 am Morgarten.
Mitten auf dem historischen Schlachtfeld auf Schwyzergebiet zeugt die alte Schlachtkapelle vom tiefen Gedächtniswert des Freiheitskampfes. Unmittelbar bei der Kapelle befindet sich die Stätte der alljährlichen Morgartenfeier.

Morschach SZ

Pfarrkirche St. Gallus *
Eine erste Kirche bestand bereits im 9. Jh. Der 1509 erstellte Neubau wurde im 18. Jh.

umgestaltet und mit feinen Rokokostukkaturen von Klotz und Scharpf und Deckenbildern von Josef Ignaz Weiss versehen.

Kapelle Franz Xaver
Malerisch in einer Talmulde am alten Weg nach Sisikon gelegen, wurde der Bau 1676 geweiht und 1760 umgestaltet.

Muotathal SZ

Pfarrkirche St. Sigismund und Waldburga * *
Die 1786–1793 erbaute Kirche verfügt dank ihrer perspektivisch gesteigerten Tiefenwirkung über eine der kühnsten und originellsten Innenräume der barocken Schweiz. Zu erwähnen ist die qualitätvolle spätbarocke Ausstattung.

Franziskanerinnenkloster St. Joseph *
Erstmals im 13. Jh. erwähnt, nahm das Kloster 1288 die Franziskanerregel an und erstellte den heutigen malerischen Baukomplex 1684–1693. Vom mittelalterlichen Kloster ist die Kirche erhalten geblieben.

Oberägeri ZG

Beinhaus St. Michael *
Im 1496 geweihten Beinhaus sind spätgotische Wandmalereien aus der Bauperiode noch gut erhalten.

Oberarth SZ

Kapelle Unserer Lieben Frau *
Dieser einfache Gedächtnisbau für den 1466 hier ermordeten Ital Reding wurde 1749–1753 erbaut. Er enthält hervorragende Altäre und Stuckfiguren von Johann Baptist Babel.

Pfäffikon SZ

Schloßturm *

Als Verwaltungszentrum und zum Schutz der seit 965 dem Kloster Einsiedeln gehörenden dortigen Höfe wurde im 13. Jh. am See ein fester quadratischer Wohnturm errichtet, der im 14. Jh. zur Wasserburg ausgebaut wurde.

Schloßkapelle

Die spätgotische Anlage von 1566 wurde 1780–1785 barockisiert, die heutige Ausstattung ist neubarock.

Kapelle Drei Eidgenossen

Der schlichte Bau auf dem Fuchsberg an der Straße nach Schindellegi wurde 1594 der heiligen Maria Magdalena geweiht. Die Außenbemalung zeigt die drei schwörenden Eidgenossen.

Rigi SZ / LU

Wallfahrtskapelle Maria zum Schnee

Die erste Alpkapelle mit dazugehörigem Kapuzinerhospiz wurde 1688/89 beim Rigi Klösterli gebaut und 1716–1721 zur heutigen Kapelle mit einer guten Ausstattung vergrößert.

Kapelle St. Michael, Rigi Kaltbad

Eine erste Kirche wurde dort schon 1585 zu Ehren des hl. Michael geweiht. Die jetzige Kirche ist das Werk von Jakob Singer im Jahre 1779.

Risch ZG

Pfarrkirche St. Verena *

Die bereits 1159 erwähnte Kirche wurde 1680 unter Einbezug des gotischen Turms von ca. 1490 neu erbaut.

Rothenthurm SZ **Loretokapelle Biberegg** *

Wie bei Loretokapellen üblich, handelt es sich auch bei der hier 1679 erbauten Kapelle um eine Nachbildung der Santa Casa in Loreto. Die heutige neugotische Gestaltung erfolgte in starker Anlehnung an das Original.

Rütli UR **Rütliwiese und Rütlihaus** * *

Stille Wiese am Urnersee mit hochbedeutsamer Wirkung für das schweizerische Geschichtsverständnis. Hier haben nach der Überlieferung die Leute von Uri, Schwyz und Unterwalden die Gründung der Eidgenossenschaft vorbereitet. Der Dreiländerbrunnen erinnert an die Beschwörung des Bundes. Das heutige Rütlihaus wurde 1869 von Architekt Johannes Meyer von Schwyz erbaut.

Sachseln OW **Pfarr- und Wallfahrtskirche St. Theodul** * *

Die frühbarocke Raumschöpfung ist in der Klarheit ihres Aufbaues noch ganz der Spätrenaissance verpflichtet. Sie wurde 1672 bis 1684 als Hallenkirche neu erbaut. Im Zelebrationsaltar befinden sich die Reliquien des heiligen Bruder Klaus, im rechten Querschiff in einem Glasschrank die Kutte, im linken Querschiff das Betrachtungsbild des Heiligen. An den vom Vorgängerbau übernommenen romanischen Turm ist das Beinhaus mit der ältesten Grabstätte des Bruder Klaus angebaut (1679).

St. Niklausen OW **Kapelle St. Nikolaus** * *

Auf aussichtsreicher Bergterrasse liegt das Kirchlein mit markantem freistehendem Turm (spätestens 1357), wertvollem gotischem Freskenzyklus (1370–1380) an den Chorwänden und mit bemalter Barockdecke (1703/04) im spätgotischen Schiff.

Sarnen OW

Museum *
In dem 1599 als Kaserne erbauten, originellen kleinen Heimatmuseum an der Brünigstraße befindet sich eine gute kulturhistorische Dokumentation zum Land.

Rathaus
Im barocken Rathaus, 1729–1732 auf den Fundamenten eines Landleutehauses von 1551 aufgebaut, wird heute das «Weiße Buch von Sarnen» aufbewahrt, die älteste Quelle zum schweizerischen «Freiheitskampf».

Pfarrkirche St. Peter *
Weithin sichtbar auf einer Anhöhe über dem Dorf ist die Doppelturmfassade der reich ausgestatteten barocken Hallenkirche, die erstmals 1036 als Besitz des lenzburgischen Hausstiftes Beromünster erwähnt wird. Der heutige Bau entstand 1739–1742 unter Verwendung romanischer Bauteile.

Beinhaus *
Neben der Kirche steht das um 1500 erbaute schlichte Beinhaus, das im Innern eine der schönsten spätgotischen Holzdecken der Schweiz aufweist.

Dorfkapelle Maria Lauretana
Am Dorfplatz steht die 1658–1662, unter

Wiederverwendung des alten Turmes von 1556, neuerbaute sog. Standeskapelle.

Frauenkloster St. Andreas
Das im 12. Jh. bei Engelberg gegründete Kloster wurde 1615 nach Sarnen verlegt und 1616–1618 neuerbaut. Die Kirche von 1687 wurde abgetragen und 1966/67 durch einen Neubau ersetzt.

Benediktinerkollegium
Das erste Schulgebäude von 1745–1750 stammt von Jakob Singer, der große Gymnasiumsbau wurde 1890 erbaut.

Haus am Grund *
In dem zu je einer Hälfte aus Holz und aus Stein 1588/89 für Landammann Marquard Imfeld erstellten Doppelhaus ist ein ehemaliger mittelalterlicher Wohnturm eingebaut.

Schützenhaus *
Auf dem Burghügel Landenberg steht das 1752 erbaute Schützenhaus, ein reizvoller Rokokobau mit Mittelteil und seitlichen Flügeln.

Schindellegi SZ

Pfarrkirche St. Anna
Der imposante, nach Plänen von August Hardegger 1907–1909 erstellte Neubarockbau mit Jugendstilformen ist mit einer guten Barockausstattung versehen, die aus der Kirche Obersaxen (GR) erworben wurde.

Schübelbach SZ

Pfarrkirche St. Konrad und Ulrich
Der 1604/05 unter Wiederverwendung des

spätgotischen Turms errichtete Bau wurde 1769 barockisiert und verfügt über eine gute Spätrokoko-Ausstattung.

Schwanau SZ

Burgruine und Kapelle St. Josef *

Um 1200 erbauten vermutlich die Kyburger die Burg als Verwaltungsstützpunkt. Bereits in der Mitte des 13. Jh. wurde sie zerstört und nie wieder aufgebaut. Die Insel Schwanau war seit 1681 von Waldbrüdern bewohnt, für die 1684 die Kapelle erbaut wurde. Nach ihrer Zerstörung durch die vom Goldauer Bergsturz 1806 ausgelöste Sturzwelle wurde um 1810, unter Verwendung alter Bauteile, die heutige Kapelle erstellt. Das Wohnhaus der Eremiten dient heute als stilvolles Gasthaus.

Schwyz

Ortsbild * *

Der historisch bedeutende Ort am Fuße der Mythen hat seinen Ursprung in einer alemannischen Streusiedlung des 7./8. Jh. Mit der Gründung der Eidgenossenschaft, der Schwyz den Namen gab, wurde das Dorf politisches Zentrum der Urschweiz. Ab Ende des 16. Jh. entstanden zahlreiche Herrenhäuser, deren Bauweise noch deutlich die bäuerlich-demokratische Herkunft der in fremden Diensten zu Reichtum und Ansehen gelangten führenden Geschlechter erkennen läßt. Nach dem Dorfbrand von 1642 wurde der Hauptplatz mit der Pfarrkriche St. Martin und dem Rathaus in großartiger barocker Konzeption neu angelegt.

Pfarrkirche St. Martin * *

Die festlichste Pfarrkirche der Schweiz wurde

1769–1774 von den Brüdern Jakob und Johann Anton Singer über den Fundamenten einer merowingischen Kirche aus dem 8. Jh., einer karolingischen und drei weiteren Vorgängerkirchen erbaut. Das Innere der dreischiffigen Hallenkirche wird von den leichten, spätbarocken Stukkaturen von Klotz und Scharpf bestimmt. Die Deckenbilder von Josef Ignaz Weiss und die guten Stuckmarmoraltäre tragen zur reich wirkenden Raumatmosphäre bei.

Kapelle Maria Magdalena Rickenbach
Die 1678–1681 erbaute Filialkirche verfügt über gute Rokokostukkaturen von Klotz und Scharpf, Barockaltäre von Meinrad Büeler und einen Bildzyklus von Thomas (?) Schorno.

Kapuzinerkloster *
Die schlichte Klosteranlage nach dem üblichen Schema der Kapuzinerbauten, mit Kreuzgang an der Südseite der Kirche, wurde 1616–1620 an der Herrengasse erbaut. In der Kirche die typischen Franziskaner-Holzaltäre und ein hervorragendes Hochaltarbild von Nuvolone.

Klösterlein St. Joseph im Loo
Ursprünglich 1586/87 für die kurz zuvor berufenen Kapuziner erbaut, wurde es nach dem Umzug der Kapuziner an die Herrengasse zunächst Latein- und später Jesuitenschule und schließlich für die «Töchter vom Herzen Jesu» zu einer geschlossenen Anlage ausgebaut (1855).

Doppelkapelle Kerchel * *
Die 1512–1518 erbaute zweigeschossige Kapelle gilt als zierlichstes und originellstes Beinhaus in der Schweiz. In beiden Kapellen finden sich gut erhaltene spätgotische Malereien.

Büelerkapelle (Zweichappeli)
Der einfache Bau von 1683 zeichnet sich durch seine hochbarocken Stukkaturen aus.

Dominikanerinnenkloster St. Peter am Bach *
Der Neubau des um 1275 gegründeten Klosters mit Kirche und Gästehaus erfolgte im 17. Jh. Die Kirche weist hervorragende Altäre aus der Babelwerkstatt auf.

Einsiedelei im Tschütschi *
Oberhalb des Dorfes Rickenbach befindet sich eine der letzten bewohnten Einsiedeleien der Schweiz. Die 1672 geweihte und 1987 restaurierte Kapelle zu den vierzehn Nothelfern enthält gute Altäre aus der Werkstatt von Meinrad Büeler und steht über einem hochmittelalterlichen Gebäude, das bereits dem gleichen Zweck gedient haben dürfte.

Bundesbriefarchiv * *
Staatsarchiv des Kantons Schwyz. Bundesbriefsaal mit den Bundesbriefen der Alten Eidgenossenschaft und den Landes- und Kriegsfahnen des Standes Schwyz. Bedeutende Wandbilder von Heinrich Danioth, Walter Clénin und Maurice Barraud; Plasti-

ken von Hans Brandenberger, Josef Bisa und Josef Rickenbacher. Diorama der Schlacht am Morgarten.

Rathaus * *

Das am Hauptplatz gelegene Rathaus von 1642–1645 steht auf den Grundmauern des Vorgängerbaus von 1593. Die 1891 von Ferdinand Wagner geschaffenen Fassadenmalereien und die üppigen Renaissancetäfer in beiden Ratssälen sind besonders beachtenswert.

Zeughaus

Ursprünglich als Kornhaus 1711–1717 erbaut, dient es seit 1802 als Zeughaus.

Alter Spittel

Dem Zeughaus gegenüber liegt das alte Spital von 1752, das heute als Gemeindehaus benützt wird.

Ital Reding-Hofstatt * *

Das originell ausgebaute Herrenhaus mit reicher Ausstattung wurde 1609 für Ital Reding, Gardehauptmann in französischen Diensten und späteren Landammann, gebaut. 1663 Erkeranbau.

Typisches Beispiel einer Verschmelzung der traditionellen Bauernhausarchitektur mit Formen frühbarocker Herrschaftsarchitektur, die den Repräsentationsbedürfnissen der in fremden Diensten zu Reichtum und Ansehen gelangten einheimischen Geschlechter zu genügen hatte. Enthält ein Wohnmuseum.

Haus Bethlehem * *
Der im Jahr 1287 erstellte Holzbau auf der Ital Reding-Hofstatt ist das älteste, im Kern vollständig erhaltene, sicher datierte Holzwohnhaus der Schweiz.

Hettlingenhäuser *
Die beiden nebeneinanderstehenden, durch eine Hofmauer mit Torbauten verbundenen Häuser wurden 1579 (das obere «Steinstöckli») bzw. 1760–1770 (das untere Herrenhaus) erbaut und von einer während der Reformation aus Winterthur eingewanderten Familie Hedlinger bewohnt. Das obere Haus wurde vom europäisch berühmten Medailleur Johann Karl Hedlinger bewohnt.

Ceberghaus *
Das 1686 nach dem Erbauer benannte Haus bietet einen burgartigen Anblick mit einer interessanten Dachgestaltung.

Großhaus *
Das 1604 errichtete Großhaus entspricht ganz dem Typ des spätgotischen Giebelhauses, dessen imposanter Charakter durch die Bauweise in Stein und die erstaunliche Größe unterstrichen wird.

Haus Immenfeld mit Antoniuskapelle *
Südöstlich von Schwyz liegt das im 17. Jh. erstellte, mehrfach umgebaute Haus Immenfeld, das sich durch einen reich stuckierten Portalvorbau auszeichnet. Neben dem Hoftor steht die Familienkapelle St. Antonius. Der reizvolle Bau von 1687 verfügt über eine in-

teressante Ausstattung und reiche Stukkaturen.

Waldegg * *
Ebenfalls in Rickenbach liegt das um 1600 ursprünglich unverputzt erbaute Landhaus mit Gartenpavillons.

Reding-Haus Schmiedgasse * *
Das um einen Innenhof angelegte Redinghaus von 1614–1617 verrät stark südlichen Einfluß. Seine geschweiften Giebel erscheinen in Schwyz erstmals.

Palais von Weber *
Die Palastbauweise ist in dem 1738–1740 nach Plänen von Vitus Rey und französischem Vorbild verwirklichten Bau deutlich erkennbar: Garten und Ökonomiegebäude sind streng symmetrisch angelegt.

Haus Kyd
Das um 1730 erbaute Haus verfügt über die einzige noch erhaltene Schwyzer Hauskapelle. Es wurde im 19. Jh. durch eine aufwendige plastische Fassadengestaltung bereichert.

Maihof *
Imposanter Bau um 1700 mit Mezzaningeschoß unter dem Walmdach. Teile der ursprünglich schloßähnlichen Anlage wurden nach einem Brand nicht wieder aufgebaut.

Seedorf UR

Frauenkloster St. Lazarus * *
1197 als Niederlassung des ritterlichen Lazari-

terordens gestiftet und 1559 von Benediktinerinnen neu begründet, wurde die heutige Klosteranlage im 17. Jh. und die zierliche barocke Kirche 1695–1700 nach Plänen von Bruder Caspar Mosbrugger erbaut.

Schlößchen A Pro * *

In der zum See hinführenden Ebene liegt der 1556–1558 für den aus dem Livinental stammenden Ritter Jakob A Pro erbaute burgartige Landsitz der Spätgotik.

Turmruine Seedorf

Als Turmruine zwischen Kloster und Schloß liegt der im 13. Jh. erbaute Sitz der Ritter von Seedorf.

Seelisberg UR

Wallfahrtskapelle Maria Sonnenberg *

Die Kapelle wurde 1666 erbaut; Wallfahrtsort zur Hl. Maria mit gehaltvoller Ausstattung.

Schlößchen Beroldingen

Am Weg nach Bauen liegt der idyllische Stammsitz der einst bedeutenden Familie, der 1530 von Josue von Beroldingen an der Stelle eines älteren Baues errichtet wurde. Die Kapelle wurde von Josue von Beroldingen 1546 angebaut zur Erinnerung an seine Aufnahme in den Orden der Ritter vom Hl. Grab in Jerusalem.

Schillerstein *

Der natürliche Felsobelisk im See, früher Mythenstein genannt, wurde 1859 von den Urkantonen Friedrich Schiller zu seinem 100. Geburtstag gewidmet.

Seewen SZ

alte Kapelle Unserer Lieben Frau *

Das Innere der 1642–1644 erbauten Dorf- und Wallfahrtskirche wurde 1772–1775 umgestaltet und mit spätbarocken Stukkaturen von Klotz und Scharpf und Deckenmalereien von Josef Ignaz Weiss versehen. Gute Altäre aus der Werkstatt Meinrad Büelers.

Sempach LU

Kirche St. Stefan

Das Städtchen Sempach ist um 1220 von den Habsburgern gegründet worden. Die Pfarrkirche befand sich ursprünglich zu Kirchbühl. Nach dem Brand von 1477 wurde die erste Kirche in der Stadt neuerbaut; die heutige Kirche datiert von 1827–1831.

Rathaus

Auf den Mauerresten eines vor der Stadtgründung bestehenden Wehrturmes wurde im 17. Jh. der zierliche Riegelbau erstellt, in dem heute das kleine Museum untergebracht ist.

Hexenturm

Der Hexenturm geht wohl ins 13. Jh. zurück und bildete mit der Befestigung der Stadtmauer den südöstlichen Eckturm. Beim großen Stadtbrand 1477 wurde der Turm stark in Mitleidenschaft gezogen, so daß der ganze obere Teil neu errichtet werden mußte. Die bestehenden Zinnen, die mit Schlüsselscharten für Musketen versehen sind, gehen ins 17./18. Jh. zurück.

Luzernertor *

Der schlanke Torturm mit barocken Rundbogen wurde im 16. Jh. beim südlichen Stadteingang als Teil der Wehranlage erbaut.

Schlachtkapelle St. Jakob * *
Zur Erinnerung an den entscheidenden Sieg der Eidgenossen über ein habsburgisch-österreichisches Heer von 1386 wurde die Gedenkkapelle 1387 an der Stelle erbaut, wo Herzog Leopold gefallen war.

Siebnen SZ

Kapelle St. Nikolaus *
Erbaut um 1200; 1606 um einen gotischen Chor erweitert. 1631 wird die Kapelle mit einem Nikolauszyklus ausgeschmückt und ein Altar des «Meisters von Bürglen» eingebaut.

Reformierte Pfarrkirche
1875–1878 von Johann Jakob Breitinger erbaut und mit guten Stukkaturen versehen.

Silenen UR

Susthaus
Am alten Gotthardweg beim Meierturm liegt das um 1549 erbaute Rast- und Lagerhaus, nebst andern historischen Gebäuden wie etwa dem Turm der Herren von Silenen aus dem 11. Jh.

Pfarrkirche St. Albin *
Der bedeutende Barockbau wurde 1754 bis 1756 in erhöhter Lage über dem Reußtal errichtet. Er enthält schöne Deckenfresken und einen Hochaltar von Jodok Ritz.

Sisikon UR

Tellskapelle an der Tellsplatte * *
Diese am See zwischen Flüelen und Sisikon

gelegene Gedächtnisstätte ist die älteste der drei Tellskapellen und wird erstmals 1516 erwähnt. 1883 wurde die baufällige Kapelle durch einen Neubau ersetzt.
Seit 1561 findet jährlich einmal die «Tellenfahrt», statt und seit 1884 gilt diese Dank- und Bittprozession an die Tellsplatte als offizielle Urner Landeswallfahrt. 1879–1882 schuf Ernst Stückelberg die großen Wandbilder zur Tellsgeschichte in die neu erbaute Kapelle.

Stans NW

Pfarrkirche St. Peter und Paul * *
Die dreischiffige basilikale Anlage, 1641 bis 1647 von Jakob Berger geschaffen, stellt ein hervorragendes Denkmal des beginnenden Barocks dar. Der mächtige Glockenturm stammt von einem Vorgängerbau des 12. Jh. (älteste Kirche vorkarolingisch). Er ist das bedeutendste romanische Bauwerk der Innerschweiz.

Beinhaus * *
Neben der Kirche steht das zweigeschossige Beinhaus von 1559/60 mit einem Fresko von Anton Schiltberg im Innern. Den barocken Hauptaltar ziert eine Kopie des Wies-Heilandes.

Rathaus *
Anstelle des Vorgängerbaues von 1484 wurde nach dem Dorfbrand von 1713 das heutige Rathaus erstellt. Das Innere enthält neben einem repräsentativen Festraum die Porträtsammlung der Nidwaldner Landammänner des 17. und 18. Jahrhunderts.

Dorfplatz *
Bedingt durch den Dorfbrand entstand zwischen 1714 und 1725 eine großzügig gestaltete Platzanlage mit Winkelried-Brunnen.

Rosenburg / Höfli * *
Im 13. Jh. als Ministerialsitz erbaut, wurde der Wohnturm im 16. und 17. Jh. durch An- und Umbauten zum Patriziersitz erweitert. Landammann Johannes Waser verdankt er die herrschaftliche Loggia, den schlanken Treppenturm und das Renaissance-Prunkzimmer, Landammann Nikolaus Kayser den barocken Estrichsaal sowie den Innenausbau des zweiten Stockwerks.

Winkelriedhaus *
Neben der Rosenburg bildet das Winkelriedhaus den bedeutendsten Profanbau Nidwal-

---

137 Schloß A Pro in Seedorf
Schlößchen Beroldingen bei Seelisberg
138 Kloster St. Josef in Muotathal
Insel Schwanau im Lauerzer See
139 Der Flecken Schwyz
Typisches Schwyzer Bauernhaus
140 Rathaus in Schwyz
141 Kapelle zur «Schmerzhaften Mutter Gottes» an der Schmiedgasse, Schwyz
Das Reding-Haus Schmiedgasse, Schwyz
142 Blick auf die Altstadt von Zug
Das Doppelhaus der Münz in Zug
143 Rathaus von Zug
144 Altstadtgasse mit Zytturm in Zug

dens. Bis 1524 im Besitz der bekannten Familie Winkelried diente es nachher Ritter Melchior Lussi als Behausung. Er hat den einstigen Wohnturm im Stil der Renaissance ausgebaut.

Kaupzinerkloster
Der einfache Baukomplex wurde 1582 von Ritter Melchior Lussi gestiftet und mehrmals erweitert.
Die heutige Kirche stammt aus dem Jahre 1683 und beherbergt drei sehenswerte frühbarocke Altäre mit Altarblättern von italienischen Meistern.

Frauenkloster St. Klara *
In dem 1621–1625 erbauten Kloster richtete Heinrich Pestalozzi im Winter 1798/99 seine berühmt gewordene Waisenanstalt ein. In der reizvollen Kirche ist der prächtige zweigeschossige Hochaltar von Johann Ritz zu bewundern.

Nidwaldner Museum *
Die Schätze des Nidwaldner Museums sind in der Rosenburg, im Winkelriedhaus und im alten Salzmagazin untergebracht.

Altes Zeughaus
Das 1666 als Zeughaus erbaute Gebäude wurde 1958 zum Staatsarchiv umfunktioniert.

Stansstad NW

Schnitzturm *
Der mittelalterliche Wehrturm ist der letzte sichtbare Zeuge der zur Zeit der Befreiungs-

kämpfe errichteten Befestigungsanlage. Der 1315 und nochmals 1798 verstärkte Turm ist in den Kämpfen mit den Franzosen ausgebrannt.

Sust
Die heutige Sust wurde 1799–1801 von Niklaus Purtschert erbaut.

Steinen SZ

Pfarrkirche St. Jakob*
Der gotische Bau von 1318 steht auf romanischen Fundamenten von 1124 und wurde beim Umbau um 1660–1670 barock ausgestattet. Guter klassizistischer Hochaltar mit einem Bild aus der Brandenbergschule.

Beinhaus**
Das um 1517 erbaute, den 14 Nothelfern geweihte Beinhaus verfügt über eine Holzdecke aus der Bauzeit.

Kapelle in der Au*
Die heutige Kapelle entstand 1691–1693 unter Verwendung von Teilen der bereits 1262 erwähnten und 1642 abgebrannten Frauenklosterkirche in der Au.

Stauffacherkapelle
Am alten Weg nach Seewen wurde der kleine gotische Bau um 1400 erbaut. An der Eingangswand Darstellung der Stauffacherszene.

Treib UR

Haus an der Treib*
Das malerische Blockhaus am See wurde bereits 1482 erwähnt und 1658 neuerbaut. Das

historische Gasthaus am alten Zufluchtshafen war Freistätte für Verfolgte und wiederholt Tagungsort kleinerer Tagsatzungen der Urschweizer Stände. 1903 wurde es abgebrochen, unter Verwendung alter Teile rekonstruiert und vor einigen Jahren sorgfältig restauriert.

Tuggen SZ

Schloßturm Grynau
An der Brücke über den Linthkanal erinnert der nach 1314 erbaute Schloßturm an die einstige Bedeutung Tuggens als Durchgangsort im Mittelalter.

Pfarrkirche St. Erhard *
Einige Zeit nach der Vertreibung des irischen Glaubensboten St. Kolumban aus der Gegend von Tuggen, wurde die erste nachweisbare Kirche gegen 700 erbaut. Die heutige Kirche stammt aus der Zeit um 1733–1743 und verfügt im Innern über eine außergewöhnlich vollständig erhaltene Ausstattung aus der Bauzeit.

Linthportkapelle
An der Straße nach Uznach steht die 1666/67 erbaute Wallfahrtskapelle. Guter Wandbildzyklus mit Darstellungen aus dem Leben des Anneli Stumpenröckli, das durch ein Wunder von schwerer Invalidität geheilt wurde.

Ufenau SZ

Kirche St. Peter und Paul * *
Auf den Grundmauern eines gallo-römischen Tempels und einer im Frühmittelalter gestifteten Vorgängerkirche wurde die romanische

Anlage 1141 neuerbaut. An der südlichen Außenwand befindet sich nach der Überlieferung das Grab des Ritters Ulrich von Hutten (1488–1523), der während der Reformation auf dieser Insel im Zürichsee Zuflucht fand.

Kapelle St. Martin* (Reglindenkapelle)
Die romanische Anlage wurde 1141 auf den Fundamenten von zwei Vorgängerkirchen aus dem 7. und 10. Jh. auf einem Hügel erbaut und verfügt über Wandmalereien aus verschiedenen Perioden.

Wangen SZ

Pfarrkirche St. Kolumban
Die älteste Kirche der March, bereits 844 erwähnt, wurde 1639 neu erbaut und später durch Adolf Gaudy umgebaut. Die Ausstattung ist klassizistisch.

Wassen UR

Kirche St. Gallus
Ihre Lage auf einem spitzen Hügel macht die Barockkirche von 1734/35 zu einem Wahrzeichen für Zugreisende über den Gotthard.

Weggis LU

Kapelle Allerheiligen
Im Unterdorf liegt die 1623 erbaute schlichte Kapelle Allerheiligen. Während des 17. Jh. diente sie vor allem zur Abhaltung von Meßbundstiftungen.

Junkerhaus
Das Junkerhaus stammt aus dem Beginn des 18. Jh. und diente als malerischer, herrschaftlicher Sommersitz den Herren von Hertenstein und von Fleckenstein. 1925 wurde das Junkerhaus renoviert. Ein Zimmer trägt

ein kostbares Deckengemälde, hingegen besteht die einstige Kapelle nicht mehr.

Wolfenschiessen NW

Pfarrkirche St. Maria *

An Stelle eines 1277 gestifteten Gotteshauses errichtete Johann Anton Singer in den Jahren 1775–1777 die heutige spätbarocke Anlage. Seit der Innenrestauration zieren wieder die Gemälde von Josef Anton Messmer die Decke.

Hechhuis * *

Das herrschaftliche Haus von 1586 zählt zu den schönsten Holzhäusern der Schweiz.

Wollerau SZ

Pfarrkirche St. Verena *

Der auf einer Terrasse gelegene frühklassizistische Bau, mit einem gedrungenen Turm vom Vorgängerbau von 1558, wurde von Niklaus Purtschert 1781–1787 erbaut. Die Kirche verfügt über eine hervorragende Ausstattung, italienische «opus sectile»-Altäre und Deckenbilder von Johann Georg Messmer.

Gmuret Hus

Das massive und bewehrte, steinerne Wohnhaus stammt aus dem 16. Jh.

Zug

Stadtanlage * *

Die halbkreisförmig am Seeufer gelegene Altstadt verfügt noch über zwei von ursprünglich drei Gassenzügen; die unterste Häuserreihe mit Wehrbauten ist 1435 im See versunken. Die ehemalige Stadtmauer des 14. Jh. ist in ihrem Verlauf zwischen vier erhaltenen Türmen (Chaiben-, Zyt-, Schatzturm sowie Liebfrauenkapelle) noch deutlich spürbar. 1478–1480 wurde eine äußere Befestigungsmauer erbaut, von der zwischen Huwiler- und Kapuzinerturm einige Mauerzüge sowie der Knopfli- und der Pulverturm erhalten sind.

Zytturm *

Der zum innern Mauerring gehörende, um die Mitte des 14. Jh. erbaute Torturm wurde 1478–1480 erneuert, erhielt 1556/57 die heutige Höhe und Dachform und wurde 1574 mit vier Zifferblättern und einer astronomischen Uhr versehen.

Rathaus *

Um 1505 wurde das spätgotische Treppengiebelhaus erbaut. Das Gerichtszimmer mit einem Ofen von David Pfau dient heute als Bürgerratssaal und gehört zu den bedeutendsten gotischen Profanräumen der Schweiz.

Kunsthaus

Nach 1435 anstelle von vier nachgewiesenen Vorgängerbauten als Kaufhaus erbaut. Seit 1977 Zuger Kunsthaus.

Kapelle Unserer Lieben Frau *

Die erstmals 1266 erwähnte Kapelle ist mit ihrem Chorturm an die südliche Stadtmauer angebaut. Spätgotische Wandmalerei an der Südwand und Deckengemälde von Johannes Brandenberg.

Kanonenhaus

Das um 1548 oberhalb der Liebfrauenkapelle

erbaute Haus ist mit interessanten Wandmalereien aus der Mitte des 17. Jh. versehen.

Schatzturm
Das zu Beginn des 14. Jh. an die Stadtmauer angebaute Steinhaus erhielt nachträglich verstärkte Mauern und Gewölbe und wurde zum Schatz- und Archivturm. Er dient heute als Stadt- und Bürgerarchiv.

Rathauskeller
Der Rathauskeller wurde 1497 als Amtshaus des Klosters Kappel erbaut und mit einer spätgotischen Front mit Staffelfenstern versehen. Seit 1904 Gaststätte.

Großhaus
Eines der ältesten Bürgerhäuser von Zug. 1487–1491 durch Ammann Werner Steiner erbaut.

Regierungsgebäude
1869–1874 von Johann Kaspar und Kaspar Otto Wolf erbaut. Sitz der Zuger Regierung.

Kapuzinerturm
Oberhalb des Klosters befindet sich der 1526 erbaute, größte und schönste Rundturm des äußeren Mauerrings. Sonnenuhr aus dem 17. Jh.

Kapuzinerkloster
Das erhöht gelegene, 1595–1597 erbaute Kloster kann von der Stadt her über die gedeckte Kapuzinerstiege erreicht werden. 1675 wurde die Kirche neu erbaut.

Stadtbibliothek
1591 als Zeughaus erbaut und 1911 zum Bibliotheksgebäude umgestaltet.

Münz *

Das Doppelhaus der Münz ist eines der originellsten Spätrenaissance-Herrenhäuser der Innerschweiz. Die «Obere Münz», 1580 als Sitz des zugerischen Münzmeisters erbaut, wurde 1604 durch die «Untere Münz» und durch ein Hinterhaus zu einem großzügigen Gebäudekomplex mit Innenhof und Laube erweitert. Fassadenbemalung 1904 durch Christian Schmidt. Neben der Münz wurde 1765 das Gloriettli, ein dreieckiger Rokokopavillon, als Gartenhaus erbaut.

Stadthaus (Bossardhaus)
1543 erbaut und im 17. Jh. aufgestockt. Sitz des Stadtrates und der Stadtverwaltung.

Gasthof zum Ochsen
Der Bau mit Treppengiebel und Erkern wurde 1544 durch Pannerherr Wolfgang Kolin begonnen.

Burg * *

Siedlungsreste aus früh- und spätlenzburgischer Zeit weisen die Burg als ältesten Profanbau der Stadt Zug aus. Vor den Mauern der später gegründeten Stadt bauten die Kyburger um 1200 Turm und Schildmauer. 1263–1359 diente die Burg als habsburgischer Verwaltungssitz. Ab 1380 stand sie im Besitz zahlreicher Zugerfamilien. In dieser Zeit erfolgten laufend Erweiterungen und

Veränderungen. 1982 wurde die Burg auf den Zustand von 1770 restauriert und zum Historischen Museum gestaltet.

Haus der Petrus-Claver-Schwestern
Monumentale Fassadenmalereien, um 1740 von Johann Melchior Eggmann aus Rorschach am 1540 erbauten Gebäude geschaffen.

Pfarrkirche St. Oswald* *
Die 1478–1483 von Hans Felder erbaute Anlage gilt nach dem Berner Münster als die schmuckvollste spätgotische Kirche der Schweiz. 1558 erfolgte der Abschluß der Erweiterung.

Beinhaus*
Der neben der Kirche gelegene spätgotische Bau mit geschnitzter Holzdecke wird auch Mariahilfkapelle genannt.

Burgbachschulhaus
1511 entstandener Bau, der bis 1874 als Zuger Spital diente, 1874–1876 zum Schulhaus umgebaut.

Zurlaubenhof* *
Etwas außerhalb der Stadt befindet sich das schönste Beispiel eines barocken Herrenhofes in Zug. 1597–1621 datiert der Bau des Herrenhauses mit seinen großen Repräsentationsräumen. Es war Stammsitz der einflußreichen und führenden Zuger Familie Zurlauben, die vom 16. bis ins 18. Jh. als Offiziere in französischen Diensten hohe Stellungen

einnahmen. Durch eine Galerie mit dem Hof verbunden ist die freistehende St.-Konrads-Kapelle von 1623.

Friedhofkapelle St. Michael

Der spätgotische Bau von 1513–1515 war ursprünglich das Beinhaus der alten, 1898 abgebrochenen Kirche St. Michael.

Kapelle St. Verena *

Der schöne Kreuzbau mit Arkadenvorhalle wurde 1705–1710 nach Plänen von Bruder Caspar Mosbrugger erbaut.

Loretokapelle *

Die ursprüngliche Katharinenkapelle wurde 1704 erweitert und «Unserer Lieben Frau von Loreto» geweiht. In dieser Gegend befindet sich auch der einzige sichere römische Fundplatz auf dem Stadtgebiet.

Vorschläge für Ausflüge ab Luzern
(mit öffentlichen Verkehrsmitteln)

Halber Tag

Bahnfahrt nach Immensee, Besuch der Hohlen Gasse mit der Tellskapelle, Weiterfahrt nach Schwyz, Besuch des Bundesbriefarchivs, Rundgang durch Schwyz, Rückfahrt nach Luzern.

Bahnfahrt nach Altdorf, Rundgang durch den Flecken Altdorf, Telldenkmal, Busfahrt nach Bürglen, Besuch des Tellmuseums, Rückfahrt nach Altdorf und Luzern.

Bahnfahrt nach Sarnen, Rundgang durch Sarnen, Landenberg, Rathaus des Standes Obwalden, Rückfahrt nach Luzern.

Bahnfahrt nach Stans, Besichtigung des Fleckens Stans, Pfarrkirche, Winkelried-Denkmal, Historisches Museum, Rückfahrt nach Luzern.

Bahnfahrt nach Zug, Rundgang durch die Altstadt, Besuch des Historischen Museums in der Zugerburg, Pfarrkirche St. Oswald, Rückfahrt nach Luzern.

Ganzer Tag

Auf Tells Spuren:
Bahnfahrt nach Altdorf, Rundgang durch den Flecken Altdorf mit dem Telldenkmal, Busfahrt nach Bürglen, Tellmuseum, Rückfahrt nach Altdorf, Mittagessen, Bahnfahrt nach Schwyz, Besuch des Bundesbriefarchivs, Weiterfahrt bis Immensee, Besichtigung der Hohlen Gasse und der Tellskapelle, Weiterfahrt nach Luzern.

Winkelried:
Bahnfahrt nach Stans, Besichtigung des Fleckens mit dem Winkelried-Denkmal, Historisches Museum, Mittagessen, Weiterfahrt nach Wolfenschiessen, Spaziergang in der Umgebung «Hechhuis», Weiterfahrt nach Engelberg, Besuch des Benediktinerklosters, Rückfahrt nach Luzern.

Bruder Klaus:
Bahnfahrt nach Sarnen, Rundgang im Flecken Sarnen mit Besichtigung des Landenbergs und des Heimatmuseums, Weiterfahrt nach Sachseln, Pfarrkirche und Bruder-Klaus-Museum, Mittagessen, Fahrt nach Flüeli-Ranft, Besichtigung des Wohn- und Geburtshauses von Bruder Klaus, dem Schweizer Nationalheiligen und dessen Einsiedelei im Ranft, Rückfahrt nach Sachseln und Luzern.

Wallfahrt:
Bahnfahrt nach Zug, Rundgang durch die Altstadt mit Besuch des Historischen Museums in der Zugerburg, Mittagessen, Weiterfahrt über Arth-Goldau und Einsiedeln, Besuch der Benediktinerabtei (Marienwallfahrtsort, Stiftskirche, Klosteranlage), Rückfahrt nach Luzern.

Schiffahrt auf dem Vierwaldstättersee

Dampferfahrt zu den historischen Stätten (Rütli, Treib, Brunnen, Tellskapelle).

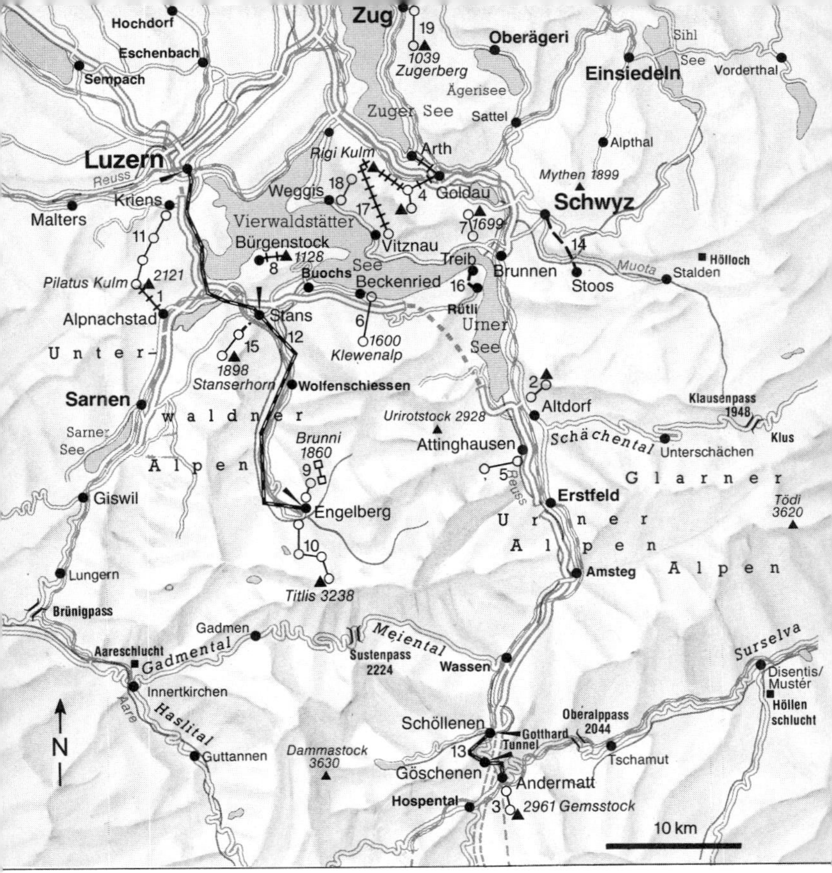

Bergbahnen

1 Alpnachstad - Pilatus Kulm
2 Altdorf - Eggberge
3 Andermatt - Gemsstock
4 Arth(-Goldau) - Rigi Kulm
5 Attinghausen - Brusti
6 Beckenried - Klewenalp
7 Brunnen - Urmiberg
8 Bürgenstock (Kehrsiten-Bürgenstock)
9 Engelberg - Brunni
10 Engelberg - Titlis
11 Kriens - Pilatus Kulm
12 Luzern - Stans - Engelberg
13 Schöllenen (Göschenen - Andermatt)
14 Schwyz (Schlattli) - Stoos
15 Stans - Stanserhorn
16 Treib - Seelisberg
17 Vitznau - Rigi Kulm
18 Weggis - Rigi Kaltbad
19 Zug - Zugerberg

Normalspur
Schmalspur
Bergbahn
Seilbahn
Sessellift

Weiterführende Literatur über die Innerschweiz

Die **«Schweizerischen Kunstführer»,** herausgegeben von der Gesellschaft für Schweizerische Kunstgeschichte (GSK), sind ein ausgezeichnetes Mittel für eine tiefergehende Auseinandersetzung mit einzelnen Sehenswürdigkeiten.

Eine stichwortartige, umfassende Darstellung der einzelnen Sehenswürdigkeiten und ihrer Ausstattung bietet der **Kunstführer durch die Schweiz,** Band 1, 5. Auflage, GSK, Bern 1971.

Für den geschichtlich weiter interessierten Reisenden sind die folgenden Werke zu empfehlen:
Geschichte der Schweiz – und der Schweizer, 3 Bände, Basel 1982/1983 (mit weiterführenden Literaturangaben)
Handbuch der Schweizer Geschichte, 2 Bände, Zürich 1972/1977 (mit weiterführenden Literaturangaben)

Literatur- und Quellenverzeichnis

Ammann, Hektor / *Schib,* Karl, Historischer Atlas der Schweiz, Aarau 1958
Beerli, André, Zentralschweiz, 45 Reisevorschläge, hrsg. vom TCS, Lausanne 1973
Bonstetten, Albrecht von, Beschreibung der Schweiz, in: Quellen zur Schweizer Geschichte, Bd. XIII, S. 217 ff.
Büttner, Heinrich / *Müller,* Iso, Frühes Christentum im schweizerischen Alpenraum, Einsiedeln/Zürich 1967
Christlein, Rainer, Die Alamannen, Stuttgart 1978
Drack, Walter, Das römische Herrenhaus von Ottenhusen in der Gemeinde Hohenrain LU, in: Festschrift Gottfried Boesch, Schwyz 1980

Feller, Richard / *Bonjour,* Edgar, Geschichtsschreibung der Schweiz, Vom Spätmittelalter zur Neuzeit, 2. Aufl. 2 Bde., Basel / Stuttgart 1979
Furger, Alex R. / *Hartmann,* Fanny, Vor 5000 Jahren ..., Bern 1983
Furger, Andres, Die Helvetier, Kulturgeschichte eines Keltenvolkes, Zürich 1984
Flüeler, Niklaus, Kulturführer Schweiz, Zürich 1982
Glauser, Fritz / *Bossard-Borner,* Heidi / *Wittmann,* Walter, Luzern und die Eidgenossenschaft, Festschrift zum Jubiläum «Luzern 650 Jahre im Bund», Stuttgart / Luzern 1982
Geschichte der Schweiz – und der Schweizer, 3 Bde., Basel 1982 / 1983 (darin weiterführende Literatur)
Handbuch der Schweizer Geschichte, 2 Bde., Zürich 1972 / 1977 (darin weiterführende Literatur)
Hauser, Albert, Schweizerische Wirtschafts- und Sozialgeschichte, Erlenbach-Zürich 1961
Henggeler, Rudolf, Helvetia sancta, Heilige Stätten des Schweizerlandes, Einsiedeln 1968
Hess, Ignaz, P. OSB, Engelberg, Kloster und Tal, o. O., o. J.
Historisch-biographisches Lexikon der Schweiz, 7 Bde. u. Suppl.-Bd., Neuenburg 1921–1934
Jenny, Hans, Kunstführer durch die Schweiz, 5., vollst. neu bearbeitete Aufl., Bd. I, Bern 1971
Meyer, André, Die Kunstdenkmäler des Kantons Schwyz, neue Ausg., Bd. I, Basel 1978
Meyer, Werner, Hirsebrei und Hellebarden, Auf den Spuren des mittelalterlichen Lebens in der Schweiz, Olten 1985
Meyer, Werner / *Obrecht,* Jakob / *Schneider,* Hugo: Die bösen Türnli, Schweizer Beiträge zur Kulturgeschichte und Archäologie des Mittelalters, Bd. 11, Olten 1984
Müller, Iso, Die Entstehung der Pfarreien an den Ufern des Vierwaldstättersees, in: Geschichtsfreund 117 (1964), 5–59
Pfarrkirche St. Martin Schwyz, div. Beiträge in: Mitteilungen des Historischen Vereins des Kantons Schwyz, Heft 66, Einsiedeln 1974

Rigi, Berg mit vielen Gesichtern, hrsg. von Max Mittler, mit Texten von Max Mittler, Hans Staffelbach, Hans Steinegger, Josef Wiget, Zürich 1982

Scherer, Emmanuel, P. OSB, Die vorgeschichtlichen und frühgeschichtlichen Altertümer der Urschweiz, in: Mitteilungen der Antiquarischen Gesellschaft in Zürich, Bd. LXXX, 1916

Schnyder, Hans, Die Gründung des Klosters Luzern, Adel und Kirche Südalammaniens im 8. Jahrhundert, Historische Schriften der Universität Freiburg, Schweiz, 2 Bde., Freiburg 1978

Schnyder, Werner / *Meyer,* Karl / *Weber,* P.X., Geschichte des Kantons Luzern von der Urzeit bis zum Jahre 1500, 1932

Stadelmann, Pius, Der Vierwaldstättersee und die Seen der Zentralschweiz, Luzern 1984

Steinegger, Hans, Schwyzer Sagen, 4 Bde., Schwyz 1979–1985

Styger, Paul, Alamannengräber in Schwyz, in: Innerschweizerisches Jahrbuch für Heimatkunde, Luzern 1936

Troxler, Josef, u. a., Wilhelm Tell, Chapelle-sur-Moudon 1985

Weibel, Viktor, Namenkunde des Landes Schwyz, Frauenfeld 1973

Das *Weiße* Buch von Sarnen, Wortlaut und Übersetzung von Bruno Meyer, hrsg. vom Regierungsrat des Kantons Obwalden, Sarnen 1984

Wicki, Hans u. a., Luzern 1178–1978. Beiträge zur Geschichte der Stadt, Luzern 1978

Wiget, Josef, Das Bundesbriefarchiv in Schwyz, Schweizerische Kunstführer, hrsg. von der Gesellschaft für Schweizerische Kunstgeschichte, Schwyz 1986

ders., Morgarten, Die Schlacht und ihre Bedeutung und vom Sinn der Morgartenfeier, Schwyzer Hefte 34, Schwyz 1985

Zinsli, Paul, Ortsnamen, Strukturen und Schichten in den Siedlungs- und Flurnamen der deutschen Schweiz, Frauenfeld 1971

Zug, Stadtführer, Zug o. J.

Verschiedene Verzeichnisse, Beschreibungen und Prospekte

Bildnachweis

Emanuel Ammon, Luzern 101, 102, 103, Umschlag vorne
Foto Aschwanden, Altdorf 25, 28, 32, 47, 62, 73, 74 oben, 75, 76, 80, 137, Umschlag vorne
Denkmalpflege Luzern 30, 43, 57
Schweizerische Gemeinnützige Gesellschaft, Zürich 46
Gletschergarten Luzern 22
«Manessische Liederhandschrift». Universitätsbibliothek Heidelberg 36
Alois Ottiger, Zug 53, 54, 77 unten, 142, 143, 144
Fotostudio Daniel Reinhard, Alpnach-Dorf 98, 99
Diepold Schilling, Amtliche Chronik, Burgerbibliothek Bern 55
Xaver Schulthess, Schwyz 34, 74 unten, 78/79, 97, 100, 104, 138, 139, 140, 141
Staatsarchiv Obwalden, Sarnen 44
Staatsarchiv Schwyz 29, 40, 42, 69, Umschlag hinten
Ludwig Suter, Beromünster 77 oben
Benedikt Tschachtlan, Bilderchronik. Zentralbibliothek Zürich 50
Foto Weber-Odermatt, Stans 27, 48, 58, 59

Dank

Für die Überprüfung der Texte zu den einzelnen Sehenswürdigkeiten danken die Autoren den Herren Dr. Hans Schnyder, Kriens, Dr. Hans Muheim, a. Kanzleidirektor, Altdorf, Dr. Angelo Garovi, Staatsarchivar, Sarnen, Dr. Hansjakob Achermann, Staatsarchivar, Stans, Dr. Albert Müller, Stadtschreiber, Zug, lic. phil, Markus Bamert, Denkmalpfleger, Schwyz.

Sponsorenliste

Der Walter-Verlag und die Autoren danken folgenden Institutionen und Unternehmungen, die mit ihren Beiträgen eine preisgünstige Herausgabe dieses Buches ermöglicht haben:

BAER Weichkäse AG, Küssnacht
Schweizerische **B**ankgesellschaft Luzern
Schweizerischer **B**ankverein Luzern
Bergbahnen Engelberg—Trübsee—Titlis
Bucherer AG Luzern
CALENDARIA AG, Immensee
Adolf **D**ätwyler-Gamma Stiftung, Altdorf
Helvetia Versicherungen, St. Gallen
Kantonalbanken der Zentralschweiz
Schweizerische **K**reditanstalt Luzern
Reisebüro **K**uoni AG, Zürich
LGZ **L**andis & Gyr Zug AG, Zug
LEGO Spielwaren AG, Baar
Genossenschaft **M**igros Luzern, Dierikon
«**P**ilatus» Flugzeugwerke AG, Stans
Sarna Kunststoff AG, Sarnen
SIKA Finanz AG, Baar
Swissair, Schweizerische Luftverkehr AG, Zürich
TELL-Bier von Coop Schweiz
Victorinox, Ibach-Schwyz
Villiger Söhne AG, Cigarrenfabriken und Fahrradfabrik, Pfeffikon / Buttisholz
VISCOSUISSE AG, Emmenbrücke